KB273232

제4차 산업혁명 시대의
리더십, 교육 &교회

박병기

제4차 산업혁명 시대의
리더십, 교육 & 교회

펴 낸 날	초판 1쇄 2018년 4월 12일
지 은 이	박병기
펴 낸 곳	거꾸로 미디어
펴 낸 이	박병기
편 집 자 문	임사라
교 정 / 교 열	김귀옥
표 지 디 자 인	송은승
미 국 협 력	굿뉴스프레더스
출 판 등 록	2017년 5월 12일 제 353-2017-000014호
주 소	경기도 수원시 팔달구 세지로 285 (101호)
대 표 전 화	031-242-7442
홈 페 이 지	https://gugguro.news
전 자 우 편	gugguromedia@gmail.com

ISBN 979-11-961443-2-6 (93230)

ⓒ 박병기

「이 도서의 국립중앙도서관 출판예정도서목록(CIP)은 서지정보유통지원시스템 홈페이지(http://seoji.nl.go.kr) 와 국가자료공동목록시스템(http://www.nl.go.kr/kolisnet)에서 이용하실 수 있습니다.(CIP제어번호: CIP2018009789)」

제4차 산업혁명 시대의
리더십, 교육 & 교회

Table of Contents

동고동락하는 가족과
주안에서의 식구들
그리고 우리 주님께
이 책을 올려드립니다.

들어가는 말

왜(Why) 이 책을 쓰려고 했을까?

'Why'(왜)라는 이 질문에 나는 다음과 같이 답을 했다. '4차 산업혁명 시대에 나는 어떤 준비를 해야 하는가?'라는 질문에 답을 하고 싶어서….'

처음에는 이 책을 쓸 생각보다는 새 시대에 관한 생각을 정리하는 글을 써서 페이스북 등에서 나누려고 했다. 그런데 글을 정리하면서 지인이 '아직은 기독교에서 다루지 않은 주제이기에 책을 써보는 게 어떻겠습니까?'라는 도전을 했고 그 도전에 순응하고 본격적인 책 쓰기 작업을 시작했다.

책을 쓰면 제4차 산업혁명 시대가 정리되고, 정리된 생각이 공유되면서 토론이 시작될 수 있다고 생각했다. 이미 서점에는 수많은 제4차 산업혁명 시대와 관련된 책들이 서가에 꽂혀 있지만 기독교인 관점으로 쓴 책은 찾기 힘들었기에 책을 써서 토론을 위한 화두를 던지고 싶기도 했다. 실제 필자는 책을 쓰는 중에 많은 토론을 시작할 수 있었다.

책을 쓰지 않았으면 시작도 되지 않았을 토론, 컨퍼런스, 세미나에 참여가 본격화되었고 이전에는 흘려들었을 수도 있던 말들이 귀에 쏙쏙 들어오기 시작했다. 급기야 필자가 특임교수로 섬기는 웨스트민스터 신대원에서 제4차 산업혁명과 관련된 강의를 하기에 이르렀다.

이 책을 쓰면서 필자의 '상황맥락지능'은 향상됐다. 상황맥락지능은 다양한 분야에 있는 사람들과 대화하고 토론하며 총체적인 지식을 얻는 능력인데, 책을 쓰다 보니 필자는 다양한 분야의 목소리에 귀를 기울일 수밖에 없었다. 또한, 필자가 연구하고 경험한 내용을 책이라는 플랫폼을 통해 전하고자 하는 노력을 통해 공유감각이 살아날 수밖에 없었다. 책을 쓰는 일은 단순히 책 사업에 참여하는 게 아니라 새 시대를 맞이하는 건전한 세계관을 가진 사람들과의 소통의 시작이라는 생각이 들었다.

책을 쓰기 전, 그리고 책을 쓰면서 필자는 많은 프로그램과 프로젝트를 기획하고 실행에 옮겨 보았다. 실행에 옮기는 중에 '정서지능'도 이전보다 더 좋아졌음을 느끼게 되었다. 경청하며 토론하고 사람들의 의견을 반영하다 보니 공감하는 능력이 향상될 수밖에 없다.

이 책이 나오면서 최초 및 최대 수혜자는 바로 필자 자신이었다. 나는 이 책을 쓰는 중에 토론을 통해 제4차 산업혁명 시대를 준비하는 '큰 그림'(big picture)을 그릴 수 있게 되었기 때문이다

필자가 이 책을 쓰며 낸 결론은 1) 건전한 세계관을 가지고 2) 시대를 해석하는 능력을 갖추면서 3) Why(왜)라는 질문에 정확하고 실질적인 답을 하고 4) 구체적인 계획을 세우며 함께 하고자 하는 사람들이 모이면 새로운 시대를 넉넉히 이겨낼 수 있다는 것이다. 나는 어떤 세계관을 가지고 새로운 시대를 어떻게 해석하며, Why라는 질문에 어떻게 답하며 어떤 계획을 세우게 되었을까? 이런 질문을 던진 후에 정리를 시작했다.

큰 그림을 그리면서 피터 드러커의 5가지 질문에 답을 해보는 방식을 택했다. 피터 드러커의 5가지 질문은 전 세계 수많은 리더들이 활용하고 있는데, 이는 '미션 중심의 리더십' '가치 중심의 리더십'을 세우는 데 큰 도움을 주고 있다. 5가지 질문의 핵심어는 미션, 고객, 고객가치, 결과, 계획이다.[1]

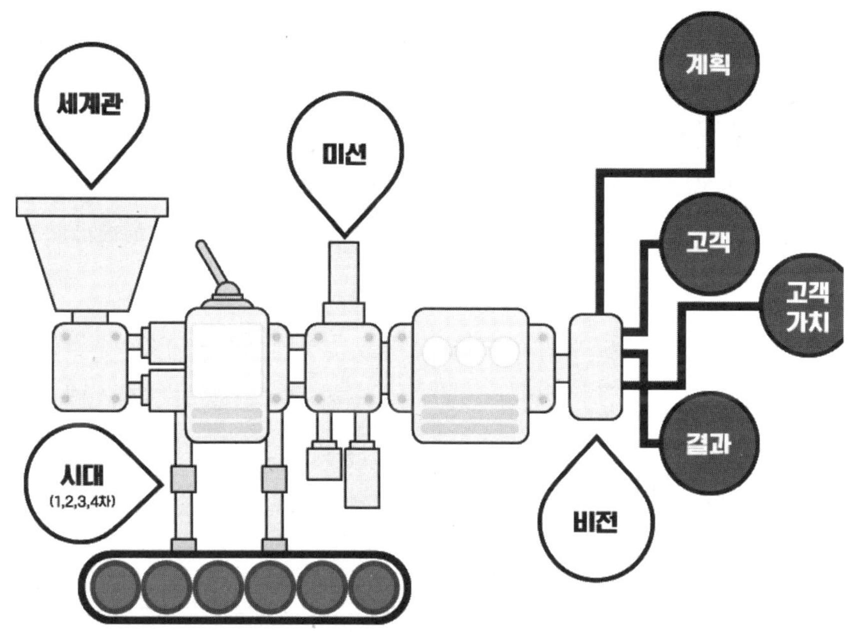

'큰 그림'을 보면서 필자가 낸 결론은 다음과 같다. 위 그림을 보면 왼쪽 위에 '세계관'이 있다. 그 아래에 '시대'가 있고 시대에는 제1, 2, 3, 4차 산업혁명 시대가 있다. 그리고 중앙에는 '미션'이 있고 그 오른쪽 아래에는 '비전'이 있다. 맨 오른쪽에는 '고객', '고객가치', '결과', '계획'이 있다.

1) **세계관**: '나는 어떤 세계관을 가지고 있을까'라는 질문에 답을 하는 것은 중요하다. 모든 사람은 세계관을 가지고 있다. 다만 구체적으로 생각해보지 않아 어떤 세계관을 가지고 있는지 정확히 모른다. 세계관은 내가 읽은 책, 내가 보는 영상, 내가 주로 대화하는 사람, 나의 가족에 의해 형성이 된다. 그렇게 형성된 세계관에 따라 우리는 말을 하고 행동을 한다. 그렇기에 '나의 세계관'을 알고 '그들의 세계관'을 아는 것은 매우 중요하다. 이는 특히 플랫폼을 세울 때와 플랫폼 간 협력을 할 때 굉장히 중요하다. 나는 개혁주의[2] 기독교 세계관을 가지고 있다. '개혁주의'의 의미는 미주(endnote)를 참조하라.

2) **시대**: 우리는 제4차 산업혁명 시대를 맞이하고 있다. 이 시대를 어떤 마음으로 맞이하고 있을까? 앞서 나눈 세계관이 새 시대에 대한 해석과 준비를 결정한다고 해도 과언이 아니다. 우리는 어떤 세계관을 가지고 새 시대를 어떻게 맞이하고 준비하고 있는가? 나는 제4차 산업혁명 시대가 기독교 세계관을 가진 사람들에게 기회와 희망을 준다고 해석하고 받아들이고 있다. 그리고 그것을 위한 준비를 하고 있다.

3) **미션**: '왜 그 일을 하려고 하는가?'라는 질문에 우리는 어떻게 답을 할 수 있을까? 나와 그들의 세계관을 알고, 건전한 세계관을 가지고 시대를 해석한다는 인식이 있을 때 '왜'라는 질문에 명확히 답을 할 수 있다. 그리고 이 미션은 웬만해서는 변하지 않는다. 물론 세계관이 변하면 변화가 있을 수 있지만 말이다. 나의 미션은 '하나님이 만드신 이 세상에서 하나님이 주신 문화명령에 순응하며 문화와 시대를 아름답게 함으로 하나님께 영광을 돌리는 것'이다.

4) **고객**: '내가 만족시켜야 할 고객은 누구인가?'라는 질문에 우리는 어떻게 답을 할 수 있을까? 기독교 세계관을 갖고 제4차 산업혁명 시대를 해석하며 하나님께 영광을 돌리는 미션이 있는 필자는 고귀한 미션을 마음에 품고 이 땅에서 아름다운 가치를 추구하는 분들을 만족시킬 의무가 있다. 가치 있는 인생을 살고 싶어하는 분들 모두가 내가 섬겨야 할 고객이다.

5) **고객 가치**: '고객은 무엇을 가치 있게 생각하는가?'라는 질문에 우리는 어떻게 답을 할 수 있을까? 이를 위해 우리는 '고객의 말을 경청하고 그들이 가치 있게 여기는 것을 객관적인 사실로 수용'해야 한다.[3] 필자는 제4차 산업혁명 시대가 두려움을 주기에 고객이 이것에서 벗어나기를 원한다는 판단을 하게 되었다. 두려움을 주는 시대를 준비하는 것은 괴로운 일이다. '이를 위해 어떻게 희망적인 메시지를 발견할까'라는 질문을 스스로에게 던지며 이 책을 쓰게 되었다.

6) **결과**: 결과를 예상할 때 우리는 '정량적 지표'와 '정성적 지표'를 생각할 수 있다. '정성적 지표'는 '손에 잡히지 않는 결과'이고, '정량적 지표'는 눈에 보이는 데이터가 있는 것이다.[4] 이 책을 발간함으로 어떤 결과를 예상할 수 있을까? '정성적'으로는 기독교 리더십 서클 안에 제4차 산업혁명 시대를 바라보는 관점이 희망적으로 바뀌어 연구자들이 속속 탄생하는 것이다. '정량적'으로는 새 시대를 분석하는 연구결과가 속속 나오는 것이다.

7) **계획**: '앞으로 무엇을 어떻게 할 것인가?'라는 질문에 우리는 어떻게 답할 수 있을까? 계획은 기술이라기보다는 '책임'이다.[5] 계획은 따라서 '용기, 경험, 직관, 육감'이 중요하다.[6] 필자는 '하나님이 만드신 이 세상에서 하나님이 주신 문화명령에 순응하며 문화와 시대를 아름답게 함으로 하나님께 영광을 돌리는' 미션을 이루기 위해 용기를 내어 과거 경험을 살려서 직관과 육감으로 이 일을 계획하고자 한다. 완벽한 그리고 과학적 계획은 이 일에 큰 도움이 되지는 않을 듯하다. 왜냐하면, 필자에게는 그럴 만한 자원이 없고 적당한 데이터와 선행적 결과가 없기 때문이다. 용기를 내어 이 책을 쓰고, 책을 알리는 컨퍼런스와 세미나에 참여하고, 강의를 진행하고 언론에 알리는 것이 책의 저자로서 '책임 있는' 행동이라고 생각한다.

이 책이 나오는데 많은 분들이 도움을 주셨다. 특히 GNS/거꾸로미디어연구소의 이사진 및 후원자분들과 GNS/거꾸로미디어연구소의 사역을 하나님의 선교사역으로 보고 후원하는 미국 캘리포니아주 얼바인 소재 베델한인교회(담임목회자 김한요)와 필자에게 강의 기회를 주신 웨스트민스터 신대원(총장 정인찬)의 기도와 협력이 없었다면 나올 수 없는 책이었다. 특별히 웨스트민스터 신대원의 김선일 교수님, 최은주 교수님께 감사의 인사를 드린다. 무엇보다 하나님의 인도하심이 그 중심에 있었음을 고백한다. 주님께 영광 돌리는 책, 교회와 사회에 도움이 되는 책이 되기를 간절히 소원한다.

개요

필자는 지난 2016년 6월 미국 이민 생활 26년을 정리하고 한국으로 들어오기 전, 지인들과 함께 '굿뉴스 스프레더스'(GNS)라는 교육 서비스 전문 비영리단체를 미국에서 세웠다. '굿뉴스 스프레더스'(Good News Spreaders)는 '좋은 소식을 전하는 자'라는 의미다. GNS는 이후 약 2년 동안 50여개의 온라인 교육 프로그램을 개발해 기성세대와 교육에 소외된 분들에게 새로운 교육 패러다임을 제시하며 '좋은 소식'을 전하려고 했다. 한국으로 이주한 필자는 2017년에는 대한민국에서 거꾸로미디어 연구소라는 비영리법인을 세워 본격적으로 대안적 교육 패러다임을 심는 일에 참여했다.

미국의 GNS와 한국의 거꾸로미디어 연구소는 새 시대의 새 리더를 교육하고 세우고자 3가지 뚜렷한 목표를 세웠다.

첫 번째 목표는 한국의 초중고생을 위한 미래교육의 컨텐츠와 툴을 개발하는 것이다. 이것이 좋은 열매를 맺게 되면 궁극적으로는 아시아, 아프리카에 온라인을 기반으로한 하이브리드 마이크로 칼리지를 세우는 것을 목표로 한다. 하이브리드(hybrid)는 온라인과 오프라인을 겸한다는 의미이고, 마이크로 칼리지(Micro College)는 '초소형 대학'이라고 직역할 수 있다.

두 번째 목표는 위에 소개한 교육 플랫폼에서 시공간을 초월해 멘토링(퍼실러테이팅, 코칭 등)을 할 수 있는 시스템을 구축하는 것이었다. 제4차 산업혁명 시대는 인공지능의 시대이지만 필자가 생각하는 진정한 온라인 교육은 인공지능(Artificial Intelligence, 이하 AI)의 도움을 받으며 사람의 정성과 사랑이 들어가는 교육이라고 나름 결론을 내리고 이러한 멘토링 시스템을 구축하는 목표를 세웠다.

세 번째 목표는 저널리스트가 되고자 하는 분들을 위한 저널리스트 스쿨(기자 학교) 및 착한 일꾼들을 세우는 것이다. 능력 있고 겸손한 착한 일꾼 및 기자들을 훈련하고 세상으로 파송해 문화 창달에 도움이 되고 한국 사회에 도움이 되도록 하겠다는 목표인 것이다.

필자는 위 3가지 목표를 이루기 위해 필요한 것이 무엇인지 고민하며 준비를 했다. 이런 일을 이루기 위해 필요한 것은 '큰 그림' 또는 '빅 컨셉'이었다. 큰 그림을 그리기 위해서는 먼저 견고한 세계관, 그 다음으로 시대의 흐름을 파악하는 것이 필요했다.

필자가 가족(아내와 미국에서 태어난 10대 청소년 두 아들)과 함께 한국에 왔을 때 한국은 제4차 산업혁명 시대를 준비 중이었다. 따라서 교육을 위해 제4차 산업혁명 시대를 알아야 했다. 책도 읽고, 컨퍼런스도 다니고, 세미나에도 참가하고, 토론에도 참여했다. 심지어 이를 좀 더 깊이 있게 다루기 위해 현재 출강 중인 웨스트민스터 신대원에서 '제4차 산업혁명 시대와 OOO'이라는 타이틀로 강의도 했다. 이렇게 시대와 컨텍스트(상황)를 연구하는 과정에서 필자는 '큰 그림'은 견고한 세계관을 갖는 것이고, 제4차 산업혁명 시대를 건전한 세계관을 갖고 해석하며 인재를 세우는 것이라는 결론을 내렸다.

세계관과 시대 해석은 다음 장에 소개하기로 하고 일단 새 시대에 어떤 인재가 필요한지에 대해 나눠보자. '제4차 산업혁명 시대'라는 화두를 꺼낸 클라우스 슈밥은 새 시대에 4가지 지능(C.E.I.P.)을 갖춘 자가 필요하다고 했다.

4가지 지능은 상황맥락지능, 정서지능, 영감지능, 신체지능이었다.

이 4가지 지능(C.E.I.P.)을 이 책의 다음 장에서 자세히 다루겠지만 결론부터 말하자면 4가지 지능을 가진 자는 지, 정, 의, 체를 골고루 갖춘 인재임을 의미한다. 지, 정, 의, 체도 역시 다른 장에서 상세히 다루게 된다.

필자는 4가지 지능(C.E.I.P.)을 갖춘 인재가 피터 드러커가 말하는 5가지의 질문(미션, 고객, 고객가치, 결과, 계획)에 답을 하다 보면 새 시대에 대한 의문에 실마리를 풀 수 있다고 생각했다.

이러한 일련의 '큰 그림'을 보며 나아가는 과정을 위해 먼저 제4차 산업혁명 시대를 피부에 와닿게 볼 필요가 있었다. '어떻게 우리의 마음에 와닿게 설명을 하고 새 시대를 준비할까'라는 질문을 하던 중 이 시대를 관통하는 건전한 세계관을 가진 지식인 한 분을 만났다. 낙도선교회의 박원희 목사님이었다.

제4차 산업혁명 시대에 대한 책을 많이 읽고 여러 강연을 들었지만 가장 마음에 와닿는 것은 기계공학과 출신인 신학자 박원희 목사님이 제시한 '증강세계'(Augmented World)의 개념이었다.

그에 따르면 증강세계는 현실세계에 가상세계를 얹은 세계로 현재 우리가 경험하는 '증강된' 세상이다. 증강세계는 증강현실과는 약간 다르다. 증강세계는 증강현실보다 좀 더 넓은 개념으로 필자는 받아들였다. 증강현실과 증강세계에 대해서는 다음 장인 '제4차 산업혁명이란 무엇인가'에서 상세히 소개할 것이다.

증강세계의 개념이 훨씬 더 이 시대를 이해하기에 좋다고 생각한 필자는 그동안 연구한 내용의 퍼즐이 맞춰짐을 알 수 있었다. 건전한 세계관이 있는 제4차 산업혁명 시대의 4가지 지능(C.E.I.P.)을 가진 자가 증강세계를 마음에 두고 무엇인가(교육, 경영, 조직, 사업 등)를 한다면 새로운 세대를 잘 준비할 수 있을 것이라는 확신이 들었다. 사람마다 각자의 세계관이 있는데 필자는 기독교인이기에 기독교 세계관을 가질 수밖에 없고 그 세계관은 당연히 성경에서 나온다. 놀라운 사실은 성경을 제대로 알면 우리가 온전케 되어 제4차 산업혁명 시대가 요구하는 지, 정, 의, 체를 갖추게 된다.

조지 앨든 래드는 성경을 읽을 때 우리를 온전케 하시려는 이의 마음을 알고 읽는다면 "하나님의 사람으로 온전하게 하며 모든 선한 일을 행할 능력을 갖추게 되는"(디모데후서 3:17) 기독교인으로 만들어진다고 설명한다.[7]

그는 다음과 같은 경우에는 성경의 원래 의도가 상실된다고 한다. "신학교가 인간의 지적인 면만을 강조하고, 교회의 모든 프로그램은 감정과 의지적인 면만을 부추긴다면, 우리의 삶을 온전히 변화시키기 위해서 하나님께서 인간에게 주신 성경은 그 원래의 의도를 상실하고 말 것입니다."[8] 그의 말을 거꾸로 해석하면 성경을 똑바로 읽을 경우 지, 정, 의가 회복되는 원래의 의도로 돌아갈 수 있다고 할 수 있다. 즉 성경을 똑바로 읽고 성경을 옳게 읽을 수 있는 렌즈(교리)와 태도(기도)를 갖게 된다면 제4차 산업혁명 시대에 필요한 4가지 지능(C.E.I.P.)을 자연스럽게 갖게 되는 것이다.

'들어가는 말'에서 나눴던 것처럼 상위 개념부터 순서대로 설명하면, <u>건전한 세계관(성경)과 시대를 보는 눈과 시대가 필요한 〈4가지 지능(C.E.I.P.)〉을 갖추고 이를 피터 드러커의 5가지 질문으로 정리를 한다면 이 시대에 필요한 인재를 키우는 교육을 할 수 있고, 이 시대가 필요로 하는 공동체를 세울 수 있다</u>고 할 수 있다.

미래 교육

한국의 교육은 반복과 암기에 의존하는 교육이다. 이는 한때는 주목을 받았지만 제4차 산업혁명 시대(Fourth Industrial Revolution Era. 약어 FIRE), 즉 인공지능의 시대에 추천할 만한 교육 모델은 아니다. 반복과 암기에 집중된 규격화된 커리큘럼은 한국 학생들이 창의적이고 실제적인 능력을 갖추는데 방해가 됐다. 새로운 시대에 새 지식에 대한 죽음을 선고해야 하는 상황이다. 한국 학생들은 국제학력경시대회 등에서 좋은 성적을 내지만 이는 주로 과외 교육을 통한 반복 학습의 열매라고 할 수 있다.

미국은 한국과 비교하면 국제학력경시 대회에서의 성적은 좋지 않은 편이지만 세계적인 우량기업을 세우는 데 최적화된 나라다. 어떻게 고(故) 스티브 잡스(애플 전 CEO)나 마크 저커버그(페이스북 창립자) 같은 인물이 탄생할 수 있었을까?

이는 개념교육을 바탕으로 한 창의력과 상상력을 자극하는 것이 미국 교육의 기반이었고 새로움에 대한 도전이 허용되는 교육이 전반적으로 흘렀기 때문에 가능했다. 즉 기존 공교육에서는 개념교육과 창의력과 상상력을 강조하고, 공교육을 벗어나도 해당 분야에 탁월성을 보이면 인정받는 사회교육적 분위기가 있었기 때문에 이러한 세계적인 인물들이 탄생할 수 있었다.

스티브 잡스는 리드(Reed) 대학을 잠시 다니다가 수업료가 비싸 6개월 만에 중퇴했다고 한다. 그는 친구 기숙사에서 뒹굴다가 청강 과목을 통해 대학 생활(?)을 이어갔는데 우연히 '서법 수업'(typography class)에 들어갔고 이것이 그의 인생을 바꿔놓았다. '서법 수업'을 통해 애플 컴퓨터의 멋진 활자(fonts)가 나오는 계기가 되었던 것이다. 대학을 고작 6개월만 다닌 잡스가 전 세계 정보통신(IT)계를 휩쓴 세계적인 인물이 될 수 있었던 건 미국 사회가 완벽하진 않더라도 어느 정도 개념이 잡혀 있고 유연성이 있기 때문이다.

유연성과 교육의 창의성은 기초 교육에서 나왔다. 많은 사람이 간과하는 기초 교육에 기반을 두니 유연성과 창의성이 격려된 것이다. <u>기초 교육에 강조점을 두고 '왜 그러한지'를 배우기 때문에 그 기반 위에 창의성과 유연성이 발휘될 수 있다.</u> 개념을 잘 잡고 나아가는 것과 개념 없이 가는 것의 큰 차이를 미국과 한국의 교육을 통해 볼 수 있다.

필자의 둘째 아이가 미국 초등학교에 다녔을 때 담임 선생님과 대화를 나누며 강렬한 인상을 받은 적이 있다. 그 선생님은 "창의성은 기초 지식과 개념을 다양한 각도에서 반복적으로 설명하는 것이 기반이 되어야 한다."고 설명했다. 처음에는 무슨 말인지 이해하지 못했다.

미국인 선생님은 "무슨 말인가 하면 수학을 배울 때 한국이나 아시아 학교의 경우 공식을 외우고 지나가지만, 미국은 공식이 왜 그렇게 나오는지 몇 달을 설명하고 적용하는 작업을 가르치면서 기초를 확립하고 나서 창의성 교육을 한다."고 설명했다. 교사는 학생들 안에 개념이 자리할 때까지 설명한다는 것이다.

한국에서 이런 식으로 했다가는 당장 '진도를 나가지 않는다'며 학부모의 지탄을 받을 것이다. 공식은 그냥 암기하고 넘어가는 것이지 '왜 그런지 설명하는 게 아니다'라는 인식 때문에 한국 학생 대부분은 문제는 잘 푸는 것같지만 처음 보는 문제에 부딪히면 창의성을 발휘하기가 어렵다. 즉, 공식을 잘 외워서 경시대회에서 수학문제는 잘 풀어낼 수 있을지 모르지만, 수학적인 사고방식으로 개념을 갖고 창조적으로 문제를 풀어내고 새로운 것을 만들어내는 데에는 어려움에 빠질 수밖에 없는 것이 현 대한민국 교육이다.

지금까지의 교육 방식이 아예 쓸모없었던 것은 아니다. 적어도 제2차 산업혁명 시대까지는 긍정적인 효과를 낼 때가 있었던 것도 사실이다. 기존 교육 방식은 그러나 제3차 산업혁명 시대에는 맞지 않는다는 의견이 나오기 시작했고, 다가올 제4차 산업혁명 시대에는 확실히 적합하지 않다는 의견이 지배적이다. 다음은 고려대 김태일 교수의 설명이다.

(한국 교육의 긍정적인 요소를 들자면) 대량생산 대량소비를 이끈 2차 산업혁명 시대에 적합한 인재양성에 최적화되어 있다는 것을 들 수 있겠다. 그러나 ICT(정보통신기술) 혁신으로 대표되는 3차 산업혁명, 나아가서 ICT 혁신이 제반 산업 및 사회 부문과 융합하여 새로운 혁신을 낳는 제4차 산업혁명에는 그다지 적합하지 않다는 것

은 구태여 긴 설명이 필요치 않을 것이다. 그리고 지금의 교육 방식과 내용이 지속되면 제4차 산업혁명 시대에 뒤처질 것이라는 예상도 반박하기는 어렵다. 확실히 개혁이 필요한 것은 분명하며 이를 위해서는 사회 전반의 노력이 필요하다.[9]

한국의 현 교육 체제는 창조적인 인재를 만들어내기에 어려움이 많다. 한국 학생들의 대학 진학률은 OECD 최고 수준인데 전 세계 시장을 움직이는 창조적인 인재는 탄생하지 않는 것이 암울한 현실이다. 제4차 산업혁명 시대(FIRE)를 맞이하고 있는 한국의 교육 체제는 여전히 주입과 암기에 의존하고 있고 학생들의 사고는 획일적이다. 대학 입학 시스템은 여전히 새 시대의 요구에 응할 만한 수준이 아니다. 이는 필자만의 주장이 아니라 정치인, 교육가, 한국 사회 지도자들의 공통된 견해다.

'5차원 전면 교육'을 개발해 교육계에 반향을 불러일으킨 카이스트(KAIST) 대 출신 원동연 박사는 한국 교육에 대해 다음과 같은 말로 일침을 가한 바 있다.

"한국인은 영어 성적은 좋으나 영어로 대화할 줄 모르고, 역사 지식은 많은데 역사의식은 없고, 과학 성적은 높은데 과학적 사고방식을 하지 않으며, 윤리 성적은 높은데 윤리성이 결여되어 있고, 체육 성적은 높으나 건강하지 않다."[10]

이는 교육다운 교육이 제대로 이뤄지지 않은 결과이다. 교육다운 교육은 무엇인가? '큰 그림'을 그리며 진행하는 전인교육, 인간교육, 창의성 교육, 시민교육 등을 말한다. 개념적 교육은 늘 상위에 있다. 한국은 개념화 없이 눈앞의 목표를 이루는 데 급급했기에 지금과 같은 상황이 발생하고 있다.

개념적 교육이 부족하기 때문에 영어를 그렇게 오랫동안 배웠어도 영어로 말할 줄 모르고, 역사 컨텐츠를 머릿속에 집어넣어도 역사의식이 부족하고, 과학문제는 잘 풀어내지만, 과학적으로 사고하지 못하고, 윤리 시험 점수는 높지만 윤리성이 결여되어 있고, 스포츠를 즐기고 해당 지식은 많으나 건강하지 않은 것이다.

개념적 교육은 무엇을 할 때 '개념'(concept)이 분명해서 쉽게 흔들리지 않음으로써 이웃들에게 비전을 제공하고 갈대 같은 마음과 생각에 흔들리지 않게 하는 교육이다. 그리고 필자는 그 개념을 잡아주는 것을 1. 세계관 2. 제4차 산업혁명 시대(증강세계)의 4가지 지능(C.E.I.P.) 3. 피터 드러커의 5가지 질문에 답하는 과정으로 보았다. 상세한 내용은 다음 장에 소개할 예정이다.

대안교육

필자는 새 시대를 대비하는 교육의 대안은 기존의 공교육을 바꾸는 게 아니라 미래형 대안학교를 세우고 대안교육을 하는 것이라는 판단을 하게 됐다. 공교육이 바뀌는 것은 현실적으로 어렵거나 오랜 시간이 걸리기 때문에 대안교육을 제시해서 그것이 거꾸로 공교육의 인정을 받는 체제가 더 지혜롭다는 생각이다. 대안학교는 다음과 같은 특성이 있다.[11]

대안학교는 작은 규모의 공동체에서 운영된다. 따라서 가족과 같은 분위기에서 운영된다. 대안학교에 속한 사람들은 이해와 교육 방향에 대해 모두 공감한다. 그들은 경쟁을 최소화하고 팀워크를 강조한다. 학생들과 스태프들은 서로를 돌봐주는 것을 소중히 여긴다. 또한, 그들은 학생들의 특성을 살려 자신들만의 교육 내용과 방식을 개발하길 원한다. 그들은 또 건강한 공동체를 세우는데 열심을 낸다. 부모, 학생, 교사는 공통된 비전을 갖고 있다.[11]

필자가 e북으로 발간했던 영문 책에서는 대안학교에 대한 논의가 있었는데 이 책에서 일본의 대학교수인 나가타 요시유키가 쓴 '대안학교의 특성'을 다음과 같이 인용했다.

　대안학교는 학교 시스템을 개혁하길 원한다. 대안학교는 혁신적인 교육방식을 적용하길 원한다. 대안학교 학생들은 자발적이고 자치적이다. 대안학교의 커리큘럼은 삶과 연관된 내용을 배우도록 꾸며져 있다. 대안학교는 학생이 필요한 것이 무엇인지를 살피면서 원하는 교육내용과 방식을 선택할 것이고 학교에서 배운 내용을 실생활에서 적용하는 법을 나누고 가르치게 된다.[12]

　물론 대안학교가 모든 교육 문제에 대한 유일한 해답은 아니다. 필자는 제4차 산업혁명 시대의 리더를 세우는 것이 공교육에서 이뤄지면 더 좋겠다는 생각을 자주 한다. 대안학교 없이 공교육에서 창의적인 교육, 거꾸로 교육, 미래교육이 이뤄진다면 최상의 시나리오가 될 것이다. 질문을 해본다. 전문가들이 원하는 대안학교 특성을 살린 교육이 공교육에서 이뤄질 수 있을까?

　교육부 관계자들과 교사들이 큰 개념을 갖고 프로그램을 다시 짜야 가능하다. 그들이 기독교인이 아니라면 성경의 세계관을 가장 큰 개념으로 둘 수 없겠지만 적어도 건전한 세계관을 갖고 제4차 산업혁명 시대(증강세계)의 4가지 지능(C.E.I.P.)을 마음에 품고 피터 드러커의 5가지 질문에 답하면서 큰 개념을 마음에 안고 다가선다면 이전과는 다른 공교육을 할 수 있을 것이다.

　물론 현실은 녹록지 않다. 유럽(특별히 잉글랜드와 덴마크), 호주, 뉴질랜드, 미국에서도 공교육보다는 대안학교 운동을 통해 새로운 교육 방식이 도입되었고 이것이 공교육에 거꾸로 영향을 미쳤던 것처럼 한국도 그러한 길로 가고 있는 것으로 조심스럽게 내다본다.

　미국의 경우 대안학교 형태의 '차터 스쿨'(Charter School)이 공교육 시스템 안으로 들어와 전인교육과 창의적 교육방식을 추구한 것이 공교육에 영향을 미친 좋은 예라고 할 수 있다.[13] 차터 스쿨에서는 실험적 교육과 다문화 교육이 진행되고 있어 교육의 스펙트럼이 넓다고 할 수 있다. 덴마크에서도 대안학교의 긍정적 영향력이 공교육에 미쳤던 것으로 전해진다. 덴마크는 공교육과 대안교육이 서로 좋으면서 긍정적인 자극을 주는 관계가 형성돼 있어서 대안학교에서 실험적 교육을 한 결과가 좋으면 공교육에서 이를 적용해보는 시스템이 잘 되어 있다.[14]

좋은 결과를 내려면 유연성이 필수다. 대한민국이 유럽, 미국, 뉴질랜드 등의 나라처럼 유연한 교육 정책과 시스템을 가지려면 정부 관료들의 교육 개혁과 변화를 향한 노력이 필수적이다. 정부 관료들이 큰 개념을 가지려는 변혁적 리더십을 보이지 않으면 대안교육이 공교육으로 흘러들어갈 가능성은 매우 낮고 오히려 대안교육을 '억압'하려는 현상이 더욱 두드러질 수도 있다.

억압의 방법은 각종 규제를 만들어 대안교육의 운신의 폭을 좁히는 것이다. 한국은 소위 말하는 '규제 공화국'이다. 규제 공화국은 제2차 산업혁명 시대까지는 어느 정도 질서를 잡아주는 데 도움을 주었다. 그러나 제3차 산업혁명 시대에 높은 벽에 부딪히기 시작했고 제4차 산업혁명 시대에는 사회를 절망으로 이끌 가능성이 크다.

정부와 입법자와 규제 담당자들은 어떻게 해야 할까? 클라우스 슈밥은 26명의 공동저자가 쓴 '4차 산업혁명의 충격'이라는 책의 서문에서 다음과 같은 제안을 한다.

4차 산업혁명의 빠른 진행 속도와 광범위한 영향을 고려할 때 입법자와 규제 담당자들은 전례 없는 강도로 어려움을 겪을 것이고, 대부분 극복하지 못할 것이다. 그러면 입법자와 규제 담당자들이 어떻게 소비자와 다수 시민의 이익을 대변하면서 혁신과 기술 발전을 지원할 수 있을까? '기민한 agile' 관리 방법을 받아들이면 된다. 민간 기업들이 점점 더 소프트웨어의 발전과 비즈니스 환경 변화에 기민하게 대응하는 방법을 도입하는 것과 마찬가지다. 규제하는 사람들은 스스로를 철저히 개혁해서 새롭고 빠르게 변하는 환경에 지속적으로 적응해야만 한다. 그래야 자신들이 무엇을 규제하고 있는지 정확히 이해할 수 있다. 그러기 위해서 정부와 규제 담당 부서는 기업 및 시민사회와 밀접하게 협력해야 한다.[15]

슈밥의 말을 적용해서 교육에 대해 말한다면 정부와 규제 담당 부서는 건전한 세계관을 갖고 큰 개념을 통해 새 시대를 올바로 해석하고 새 시대를 준비하는 인재를 키워내는 데에 있어 대안학교와 밀접하게 협력해야 한다. 대안학교는 공립학교에 비해 새로운 교육 방식에 열려 있고, 새로운 것에 대한 수행이 비교적 쉽기 때문에 그들이 실험한 내용과 결과를 놓고 정부가 진지하게 고민하고 협력을 구해야 한다.

제4차 산업혁명 시대에 맞는 인재, 또는 제4차 산업혁명 시대를 이끌어가는 인재를 양성하려면 정부와 공립학교 그리고 대안학교와 교육 관련 민간단체들이 큰 개념을 갖고 긴밀하게 협력해야만 한다. 대안학교라고 할 수는 없지만 경기도에서 진행하는 꿈의 학교는 바로 이런 '개념'을 갖고 진행되는 것으로 보여 희망을 안겨준다.

FIRE LEADERSHIP

미래교육과 대안교육을 진행하고자 할 때 어떠한 철학과 정신이 있어야 한다. 물론 앞서 미래교육과 대안교육의 작은 목표와 이로운 점들이 소개되었지만 '큰 그림'(big picture)으로 어떠한 목표를 설정하는 것은 많은 사람이 대화에 참여할 수 있도록 돕는다. 토론과 발전을 위한 공통된 언어가 장착되는 것이다.

제4차 산업혁명 시대의 리더를 세우는 필자의 '큰 그림'은 건전한 세계관을 갖고 FIRE LEADERSHIP(파이어 리더십)을 세우는 것이다. '세계관'에 대해서는 다음 장에 소개하기로 하고 일단 '파이어 리더십'에 대한 상세한 설명부터 해야겠다.

먼저, FIRE(파이어)는 Fourth Industrial Revolution Era(4차 산업혁명 시대)의 약자다. '4차 산업혁명 시대'라는 표현의 약어가 FIRE다. Leadership은 누구나 알고 있는 그 '리더십'이다. 리더십에는 여러 종류가 있는데 필자가 말하는 리더십은 '서번트 리더십'과 '개념적 리더십'이다. 즉, 개념을 가진 섬김의 리더십이다.

FIRE LEADERSHIP을 풀어서 설명하면 '제4차 산업혁명 시대의 섬김의 리더십'이라고 해설할 수 있다. 이것이 바로 필자가 그리는 새 시대의 새 리더십의 큰 그림이다. FIRE LEADERSHIP은 다른 의미도 담고 있다. FIRE라는 영어 단어는 '해고하다', '떠나보낸다'라는 의미도 있다. 즉, 옛 리더십(Old Leadership)을 떠나보낸다(FIRE)는 의미가 있는 것이다.

FIRE에는 또 다른 의미가 있다. '불을 지핀다'라는 의미이다. 즉, FIRE LEADERSHIP에는 '새 리더십에 불을 지피자'라는 의미가 포함됐다.

제4차 산업혁명 시대의 교육에 필요한 것은 바로 FIRE LEADERSHIP이라는 시대의 해석 결과를 놓고, 다음 장부터 본격적으로 제4차 산업혁명과 FIRE LEADERSHIP에 대해 나눌 것이다.

FIRE LEADERSHIP은 편의상 줄여서 FIREL(피렐)이라고 줄여서 말할 수도 있겠다. 결론부터 말하자면 FIREL은 1. 건전한 세계관 2. 제4차 산업혁명 시대(증강세계)의 4가지 지능(C.E.I.P.) 3. 피터 드러커의 5가지 질문을 준비하고 답할 수 있는 자에게 주어진다는 전제하에 연구를 이어갈 것이다.

FIRE LEADERSHIP과 교회

FIREL(피렐, 제4차 산업혁명 시대의 리더십)은 오늘날의 교회에 엄청나게 중요하다. 상당히 많은 것이 인공지능에 의해 움직이면서 점점 더 물질 중심의 사회가 되는 상황에서 영성을 중요시하는 교회는 지금 FIREL에 대해 진지하게 토론하고 대화해야 한다.

왜 그럴까? 이 시대 최고의 지성인 중 한 명인 이어령 박사는 CBS 방송과의 인터뷰에서 아래와 같이 설명했다. 아래 내용은 이어령 박사의 말을 필자가 요약해 놓은 것이다.

인류 역사상 생각하는 존재는 인간밖에 없었는데 인공지능(AI)의 등장으로 생각하는 존재가 새롭게 탄생하게 됐다. 창조주가 에덴동산에서 인간을 만들었듯이, 인간도 인간의 뇌세포와 비슷한 인공 뇌를 실리콘밸리에서 만들고 있다. 이런 시대에 목회자들이 신자들에게 적절한 답을 할 수 있어야 한다. 새 시대에는 인공지능이 인간이 할 많은 일을 대신해준다. 지금까지는 똑똑하고 지식이 많은 사람이 세상을 지배했다면 새 시대에는 인공지능이 더 똑똑하기 때문에 인간의 능력은 평등해지고 똑똑함만으로 우열을 가릴 수 없게 된다. 인간은 인공지능이 하지 못하는 배려, 사랑, 관용, 신앙, 믿음 등에서 차별화를 이루게 될 것이다.[16]

새 시대의 새 리더십이 필요하다는 게 이어령 교수의 말이고 그 새 리더십이 무엇인지에 대해 이 시대의 최고 지성인은 배려, 사랑, 관용, 신앙이라고 결론을 내고 있다. 즉 성경을 연구하고 실천하며 온전하게 하시려는 하나님의 능력으로 4가지 지능(C.E.I.P.)을 받고, 증강세계를 준비하기 위해 피터 드러커의 5가지 질문에 답하는 자가 차별화된 인간이다. 그 바탕에는 배려, 사랑, 관용, 신앙, 믿음이 있어야 한다는 것이다 이어령 박사는 같은 방송에서 다음과 같이 적절한 예를 들었다.

이전에는 계단을 오를 때 체력이 중요했다. 엘리베이터 시대에는 체력이 중요하지 않고 모두가 동등하게 높은 곳에 올라간다. 인공지능시대가 그런 것이다. 모두가 똑같다. 동등하다. 엘리베이터 안에서는 체력 면에서 누구나 동등하듯이 인공지능 시대에 '우리 아이가 똑똑하다'는 말은 더 이상 할 수 없게 되고 영성, 영력, 감성, 예술성

을 더 중요시하게 된다. 직업도 이웃을 도와주고 위로해주는 직업이 주목을 받게 될 것이다.[17]

그는 이어 오늘날 교회 리더를 향해 다음과 같이 강조한다.

'과학의 시대에 기독교는 왜 쓸쓸해지는가? 과학과 오늘날의 문명을 품었을 때 하나님의 목소리가 비로소 들리는 것이다.'[18]

즉, 기독교가 과학과 문명에 등지고 복음을 전할 때 새로운 시대에 그 복된 소리(the gospel)가 들리지 않게 될 것이라는 경고성 결론이다.

기독교는 제4차 산업혁명 시대의 새로운 리더십을 가질 만한 인프라(성경을 통한 온전한 영성훈련이 되었고 이로 인해 건전한 세계관을 장착함)가 구축되었지만, 리더들이 깨어나지 못하면 이미 가진 것도 제대로 활용하지 못할 가능성이 있어 보인다. 실제 제3차 산업혁명 시대에 기독교는 부분적 실패를 경험한 바 있다.

교육과 교회에 대해서 논하기에 앞서 다음 장에는 '큰 그림'에서 가장 중요하다고 할 수 있는 세계관이 무엇인지를 나눠보겠다. 그리고나서 그 다음 장에 '제4차 산업혁명 시대가 무엇인지'를 더 자세히 소개하기로 한다.

세계관이란 무엇인가

전 풀러 신대원 총장이자 철학자인 리처드 마우는 최고의 강의 '세계관 강의'(Christian Worldview and Contemporary Culture)에서 세계관에 대해 다음과 같이 소개했다.

세계관(Worldview)이란 표현은 19세기의 학자들이 쓰던 것으로 이 말은 사회학이 태동하기 시작했던 19세기에 나왔다. 세계관을 알기 위해 우리는 먼저 사회학을 소개할 필요가 있다. 사회학은 세계관이라는 이름의 뿌리를 심은 학문이기 때문이다. 사회학(sociology)은 19세기 이전까지 잘 알려지지 않은 분야였다. 이 학문은 당시까지 뚜렷이 구별되지 않은 분야였다. 19세기에 사회학이 갑작스럽게 등장했다. 사회학이 학문으로 자리 잡기 전까지 이 분야를 연구한 사람들은 철학자들이었다. 철학자들이 사회를 분석하고 연구했는데 그들은 지금으로 말하자면 사회학자 역할을 병행했다고 할 수 있다. 사회학은 따라서 철학에서 나온 분야라고 볼 수 있다. (중략) 19세기 이전에는 철학자들이 사회학자였다. 철학자들이 사회를 분석하고 해석했다. 아리스토텔레스, 흄 등이 바로 그런 역할을 맡았던 사람들이다. 사회학은 19세기에 태동했기 때문에 당시에는 여전히 유아기에 있었다. 사회학이 태동하기 시작한 곳은

19세기의 독일이다. 당시 독일의 사회학자들은 '벨탄샤웅'(weltanshauung: 독일어로 세계관)을 연구하기 시작했다. 그들은 사회를 비교하기 시작했고 요즘 말하는 '가치관'을 연구했다. 이러한 가치관이 사회를 어떻게 만들어 가는지에 대한 연구가 본격적으로 시작된 것이다.[19]

마우 총장의 강의 내용을 정리하면 세계관이라는 단어는 사회학에서 나왔고 초기 사회학 연구는 철학자들이 맡았기 때문에 세계관과 철학자를 떼어놓을 수 없다고 할 수 있다. 세계관을 이야기할 때 철학자들과 사회학자들의 이야기가 자주 나올 수밖에 없는 이유다. 학문의 범위를 놓고 굳이 서열을 둔다면 철학〉사회학〉세계관의 순이라고 할 수 있다.

철학자, 사회학자들이 연구하기 시작한 세계관(Worldview)을 다룰 때 그들은 대체로 4가지 질문을 던진다. 스코틀랜드의 명문 세인트앤드루스대학의 철학과 교수인 레슬리 스티븐슨의 세계관과 관련된 이론 중 '인간 본성의 이론'(The study of Human Nature)에 따르면 우리가 우리와 타인의 세계관을 좀 더 상세히 알고 싶으면 4가지 질문을 제시할 수 있다고 한다.

스티븐슨이 제시한 세계관의 4가지 질문은 다음과 같다.

a. 나는 어디에 있는가(Where am I)? - 실존에 관한 질문
b. 나는 누구인가(Who am I)? - 인간 존재의 본질
c. 무엇이 문제인가(What is wrong)? - 인간 고통의 본질
d. 해결 방법은 무엇인가(What is the solution)? - 해결방안에 관한 질문

이 4가지 질문에 대해 리처드 마우 박사를 비롯한 기독교 철학자들은 다음과 같이 답한다.

a. 나는 어디에 있는가(Where am I)? - 하나님이 창조한 세계에 살고 있다.

b. 나는 누구인가(Who am I)? - 하나님에 의해 지음을 받은 존재다.

c. 무엇이 문제인가(What is wrong)? - 인간은 하나님과 멀어지려 했고 하나님의 권위를 거부했다. 인간은 의지적으로 하나님의 뜻에 역행하는 행동을 했기 때문에 고통이 시작됐다.

d. 해결 방법은 무엇인가(What is the solution)? - 예수 그리스도의 은혜로써 해결할 수 있다.[20]

모든 사람은 조금씩 다른 세계관을 갖고 있는데 어떤 세계관을 갖고 있느냐에 따라 세상을 보는 관점, 시대를 보는 관점이 크게 달라진다. 우리가 어떤 세계관을 갖고 있고 다른 사람들이 어떤 세계관을 가졌는지를 아는 것이 중요하다. 그래야 진솔한 대화를 할 수 있고 시대를 파악하는 눈이 생긴다.

마우 박사는 사도행전 17장을 통해 사도 바울이 기독교적인 세계관을 갖고 다른 세계관을 가진 사람들의 세계관을 어떻게 파악하고 어떻게 소통하며 복음을 나눴는지를 소개한다.

사도 바울은 전도를 위해 아테네로 갔다. 그는 마르스 언덕(Mars Hill) 주변을 거닐며 동상을 세워놓고 우상숭배 하는 사람들을 보게 됐다. 그는 또 '알지 못하는 신'(행 17:23)을 숭배하는 사람들도 발견했다. 그리고 사람들이 바울에게 강연할 기회를 줬다. 바울은 사람들 앞에 나서기 전에 그리스인(Greek)의 실존(reality)에 대한 개념을 공부했다. 그들의 세계관을 미리 알아본 것이다. 바울은 "당신네가 하는 것은 우상숭배이고 이는 악한 짓이다."라는 말로 강연을 시작하지 않았다. 그는 대신 "당신들은 종교적이다. 그런데 종교인 중에는 알려지지 않은 신을 숭배하는 사람도 있다"는 말로 시작했다. 바울이 전도 대상자의 세계관에 대해 사전 연구를 했던 것이 여기서 드러난다. 바울은 그들의 '영적인 욕구'(spiritual quest)를 관찰했고 접촉점이 무엇인지를 생각했다. 접촉점은 전도 대상자가 익숙한 것들에서 찾았다. 바울은 한 시인의 표현을 인용했다. 그리고나서 기독교 복음을 선포했다. 사도 바울이 예수의 부활을 전할 때쯤 사람들은 그 자리를 떠났다. 그러나 그들 중 몇 명이 "좀 더 이야기해보자"라며 자리를 뜨지 않았다. 우리는 바울과 같은 접근 방법을 도입해야 한다.[21]

우리는 먼저 우리가 어떤 세계관을 가졌는지 명확히 알아야 한다. 4가지 질문에 어떤 답변을 하는지 알고 있어야 한다. 그리고 나 외의 사람들이 어떤 세계관을 가졌는지 파악할 수 있어야 한다.

세계관이 파악되면 새로운 시대와 문화를 온전히 꿰뚫을 수 있고 접촉점이 마련되고 소통과 복음 전파의 기회가 더 주어질 수 있다. 제4차 산업혁명 시대가 빠르게 침투되고 있을 때 많은 사람이 두려워하는 이유는 많은 것을 기계와 기술로 해석하기 때문이다.

그러나 <u>기독교적 세계관으로 새로운 시대를 해석할 때는 희망을 품게 된다. 이유는 우리는 하나님이 만든 피조물로서 하나님이 만든 세계에 살고 있다는 것을 알고 그가 미래를 주관하심을 알기 때문이다.</u> '살아계신 주'라는 찬양을 영어로 들어보면 'He holds the future'라는 가사가 있는데 '미래를 주관하시는 하나님의 세계에 살고 있고 하나님이 은혜로 우리를 구원하시기에' 두려워할 것이 없는 것이 기독교 세계관이다.

또한, 다른 영어 찬양 가사에는 'He's got the whole world in His hands'라는 내용이 있다. 하나님의 손안에 '온 세상(the whole world)이 있다. 하나님은 교회 안에만 계신 분이 아니라 가정에도 미술 분야에도, 음악과 문학 분야에도, 과학과 기술 그리고 교육 분야에도 계신다.

갇힌 사고를 하는 기독교 리더들이 하나님을 특정 영역으로 묶어두었고 많은 사람이 말로는 하나님이 온 세상을 손안에 두었다고 하지만 마음으로는 온 세상을 주관하는 분이 아니라는 편견을 갖게 되었을 뿐이다.

하나님을 박스 안에 가둬둠으로 인해 그리고 그런 기독교 세계관이 퍼져감으로 인해 기독교는 미술, 음악, 문학, 과학, 교육에서 소외되는 결과를 초래했다. 하지만 해당 분야에서 신실하게 일하는 사람들은 결코 그런 세계관을 가질 수 없다.

마이클 호튼은 자신의 저서인 「개혁주의 기독교 세계관」에서 위대한 개신교 과학자들에 대해 다음과 같이 설명한다. "프로테스탄트주의의 위대한 과학자들은 '하나님의 두 번째 책'이라고 일컫는 창조를 '첫 번째 책(성경)과 완전히 조화할 것으로 믿었는데, 왜냐하면 두 책의 저자가 하나님이시기 때문이다. 프로테스탄트주의 과학자들은 천국이 내팽겨쳐질 것을 걱정하지 않으면서 이성과 경험적 관찰을 통해 '세상의 일'을 탐구할 가능성을 제공했다."[22]

이런 세계관을 갖고 과거의 시대와 새로운 시대를 바라보고 해석한다면 기독교인은 더욱더 세상으로 나아가 세상을 아름답게 만들 수 있다.

제4차 산업혁명 시대도 그의 손에 있다(FIRE in His hands).

그리고 제4차 산업혁명 시대의 교육도 그의 손에 있다. 호튼에 따르면 "취리히, 스트라스부르, 제네바, 에든버러, 레이던, 위트레흐트, 암스테르담, 하버드, 예일, 프린스턴, 브라운, 다트머스, 러트거스"를 비롯해 옥스퍼드, 케임브리지, 하이델베르크 등 세계적 명문대학은 기독교인이 세운 것이고 그 설립 철학에는 기독교 세계관이 늘 녹아져 있었다.

이 세상이 하나님의 것이라는 세계관으로 이 세상을 아름답게 만드는 사람들은 새로운 시대에 관심을 가질 수밖에 없고 새로운 시대를 준비할 수밖에 없다. 더 나아가 새로운 시대를 선도하게 된다.

건전한 세계관을 갖는 데 필요한 것은 성경과 문화 읽기(시대 읽기)다. 두 가지가 병행되어야 바른 세계관을 가질 수 있다. 호튼은 다음과 같이 설명한다.

우리가 문화를 통해 정말 아무런 영향을 받지 않은 상태에서 성경을 읽는다고 생각하는 자세는 경솔한 태도다. 자신이 가진 생각을 평가하기 위해 우리가 어떻게든 알 수 있고 또한 반드시 알아야 하는 두 가지 요소가 있는데, 두 요소는 우리 생각을 형성하는 세상의 힘과 우리 생각을 바로잡고 하나님과 하나님의 구원 약속을 우리에게 나타내는 성경의 진리다. 일반 서적을 읽는 데 관심이 없는 사람은 포착하기 어렵고 간접적인 유혹에 쉽게 영향을 받을 만큼 허약해지는 반면, 성경을 주의 깊게 연구하지 않는 사람은 진리와 오류, 믿음과 불신, 옳음과 그름을 판별하기 위한 측정 기준을 상실하고 말 것이다. 성경과 자신이 속한 문화를 '모두' 아는 사람에게는 일반 작품을 읽거나 설교단에서 선포하는 말씀을 들을 때 진리를 받아들이고 잘못하고 있는 생각을 물리치는 힘이 있다. [24]

성경을 문화와 시대 안에서 읽는 자가 건전한 세계관을 갖게 된다고 호튼은 말하고 있다. 문화와 시대 안에서 4가지 세계관 질문에 어떤 답을 하느냐에 따라 사람의 인생은 달라질 수밖에 없다. 갖고 있는 세계관에 따라 제4차 산업혁명 시대를 바라보는 관점이 달라진다.

모든 사람은 세계관을 갖고 있다. 다만 대부분이 구체적인 질문에 답을 해본 적이 없었을 뿐이다. 백금산 목사는 각 종교인과 비종교인의 세계관을 이해하는 것이 사람을 이해하는 열쇠라고 설명한다.

불교도는 불교적인 세계관과 인생관을, 힌두교도는 힌두교적인 세계관과 인생관을, 이슬람교도는 이슬람교적인 세계관과 인생관을 가지고 살아간다. 이는 다른 종교도 마찬가지며 심지어 종교가 없는 사람들도 자기 나름대로 세계관과 인간관을 가지고 살아간다. 그러므로 "저 사람은 우주와 인간에 대해 어떤 믿음을 가지고 살아가고 있는가?" 하는 것이 한 사람을 이해하는 열쇠다. [25]

지금 나는 어떤 세계관을 갖고 있는가. 다음에 나오는 제4차 산업혁명 시대와 관련된 내용을 읽을 때 각자 가진 세계관에 따라 해석하고 받아들이는 내용이 다를 것이다.

제4차 산업혁명 시대(FIRE)란
무엇인가?

　우리는 언론을 통해 거의 매일 '제4차 산업혁명 시대(FIRE)라는 표현을 듣고 있다. 제4차 산업혁명 시대라는 표현은 서점에 가면 더욱 가깝게 다가온다. 제4차 산업혁명 전문 섹션이 별도로 마련되어 있고 책의 종류도 다양하다. 도대체 제4차 산업혁명 시대가 뭐길래 언론은 이처럼 '제4차 산업혁명, 제4차 산업혁명'이라는 표현을 연일 쏟아내고 있는가.

　'제4차'라는 표현에는 제1, 2, 3차가 있음을 알려준다. 그것은 무엇인가? 먼저, 1차 산업혁명은 농경사회에서 증기기관의 개발을 통해 대량생산이 가능한 기계의 혁명이 일어난 일이다. 다음으로 2차 산업혁명은 전기의 개발로 인해 대량생산이 더욱 촉발된 혁명을 의미한다. 그리고 3차 산업혁명은 컴퓨터, 인터넷을 통한 디지털 시대 또는 자동화의 탄생으로 정의할 수 있다. 바로 그 다음이 제4차 산업혁명인데 우리가 이미 부분적으로 맞이하고 있고 곧 맞이할 시대이다.

　세계경제포럼(다보스포럼)이 2009년 선정한 차세대 리더 중 한 명인 정재승 카이스트 교수는 제4차 산업혁명은 1, 2, 3차 산업혁명과 달리 '사전 선언'이 된 특징이 있다고 설명했다. JTBC의 '차이나는 클라스'라는 방송에 강사로 출연한 정재승 교수는 한 패널이 '4차 산업혁명이라는 것은 사기가 아닐까요?'라고 질문하자 "이런 질문과 혼란이 일어나는 근원은 1차, 2차, 3차 산업혁명은 산업혁명이 일어난 사후에 선언되었는데, 제4차 산업혁명은 처음으로 사전에 선언되었기 때문이다. 사람들은 제4차 산업혁명 시대가 올지 안올지 몰라 혼란스럽고 마음에 두려움이 있다."고 답했다.[26]

정재승 교수는 이어 "1차 산업혁명이 진행되고 완결되는 데 100년이 걸렸고, 2차 산업혁명은 70년쯤 걸렸고 3차 산업혁명은 1950년에 시작해서 현재까지 진행 중인데 약 60-70년이 걸렸다. 제4차 산업혁명은 선언은 되었지만 앞으로 완성되는 데 50년쯤은 걸릴 것으로 예측하기 때문에 너무 미리 두려워할 필요는 없다."고 덧붙였다.[27]

소프트파워의 시대

제4차 산업혁명은 기계와 제품이 지능을 갖게 되는, 즉 소프트파워가 시작되는 혁명이다. 제4차 산업혁명은 1, 2차 산업혁명의 유통과 제조업에 3차 산업혁명의 디지털 산업을 입힌 것이라고 할 수 있다. 제4차 산업혁명 시대(FIRE)는 기술적 융합이 키워드다. 좀 더 단순히 말하면 '융합'이 키워드라고 할 수 있다. 제4차 산업혁명은 'IT를 결합한 비즈니스 모델 혁신'이 핵심이 된다.[28]

IT를 결합한 비즈니스 모델의 혁신이 일어나는 제4차 산업혁명 시대(FIRE)는 대한민국에 절호의 기회를 주는 시대가 될 것이라는 전망이 속속 나오고 있다. 대한민국 지식층에 영향력을 미치고 있는 KBS 방송 〈명견만리〉의 제작팀은 다음과 같은 취재 결과를 세상에 알린 바 있다.

1, 2, 3차 산업혁명은 대한민국처럼 자원이 없는 나라에 불리했다. 그럼에도 우리는 석탄과 철을 싣고 들어와 눈부신 성장을 이루었다. 제4차 산업혁명은 이전의 산업

혁명처럼 거대한 원료가 들어가는 산업이 아니다. 제4차 산업혁명의 동력은 소프트파워이기에, 기존 산업에 상상력을 더해 얼마든지 다양한 혁신을 이루어낼 수 있다. 다행히 우리는 세계에서 가장 비옥한 디지털 토양을 가졌다.[29]

명견만리에서 말하는 '소프트파워'는 소프트웨어 중심의 세상이 온다는 것을 의미한다. 원래 소프트파워는 다른 의미로도 쓰이기에 의미의 구분이 필요하다.

소프트파워라는 말은 하버드대 케네디스쿨 학장인 조지프 나이가 내놓은 표현으로 군사력과 경제력 등이 '하드파워'라면 "미국적 가치관, 정보통신, 교육기관, 문화의 수출, 국제기구와 제도를 통한 의제설정 능력" 등이 세계적인 파워가 된다는 게 소프트파워다.[30]

본서에서 필자가 말하는 소프트파워는 원래의 의미도 어느 정도 포함하지만, 엄밀히 말해 소프트웨어의 파워다. 제3차 산업혁명 시대를 통해 하드웨어 시대가 소프트웨어 시대로 넘어가기 시작했는데 소프트웨어가 지능을 갖기 시작하고 그것이 본격화되는 시대가 제4차 산업혁명 시대이다.

인공지능(AI)

인공지능(AI)은 2011년 명성을 얻기 시작했다. 이미 60년대와 80년대에 인공지능이라는 말이 나오기 시작하고 연구하는 사람들이 생겨났지만, 세상 사람들의 피부에 와닿는 인공지능은 IBM이 개발한 '왓슨'이었다. 왓슨은 미국의 한 퀴즈쇼에서 인간을 누르고 챔피언에 올라 약 10억의 상금을 받았다.

인공지능 왓슨은 이후로 계속 진화해 엄청난 발전을 이뤘다. 다음은 2018년 현재 왓슨 인공지능이 활용된 사례를 한 언론사가 정리한 것이다.

헬스케어 앱 'UA Record'에 왓슨 기술을 적용해 수면, 운동, 활동, 영양 정보를 추적하며 개인의 건강관리사, 운동 트레이너 역할을 수행 / 의료기기업체 메드트로닉은 왓슨헬스 클라우드의 인지컴퓨팅 기술을 접목해 맞춤형 당뇨병 관리솔루션을 개발 중 / 제약회사 화이자는 왓슨의 자연어처리, 머신러닝, 다른 인지 추론 기술로 신약 표적 확인, 치료 대상 선정, 병용요법을 연구 중 / 왓슨은 제약분야 특허 400만 건, 의학저널 논문 100만 건을 학습함 / 한국 가천대 길병원은 왓슨 포 온콜로지를 도입해 의사가 데이터를 근거로 암 환자 개인별 치료 선택지를 제공하도록 돕는 역할을 함으로써 유방암, 폐암, 대장암, 직장암, 위암 치료에 사용 / 스위스 보험사 스위스리는 지난 2015년 10월 왓슨을 활용해 보험설계사의 가격 위험 예측과 의사결정 근거를 강화한 보험인수 솔루션을 만듦.[31]

인공지능(AI) 왓슨의 각 산업 분야에서의 맹활약은 미래 인간의 삶을 크게 바꿔놓을 것으로보인다. 그 진입 분야가 거의 전 분야라고 해도 과언이 아닐 정도다.

한국에서는 알파고가 소개되면서 인공지능(AI)이 화제가 됐다. 구글의 딥마인드가 개발한 바둑을 두는 인공지능(AI)인 알파고는 2016년 3월 이세돌 9단과의 대국에서 4대1로 승리해 본격적인 인공지능(AI) 시대 개막을 알렸다.

그리고 왓슨, 알파고의 등장으로 그동안 사람이 했던 많은 영역의 일이 기계로 대체될 것이라는 비관론이 대두되기 시작했다. 소프트웨어 개발자들은 자신들이 할 일은 프로그램 개발이 아니라 인공지능(AI)에 데이터를 제공하는 일이라고 자조 섞인 예상을 내놓기에 이르렀다.

사물 인터넷

소프트파워의 대표적인 예는 바로 IoT(아이오티)다. 'Internet of Things'

의 약자인 IoT를 번역하면 '만물인터넷' 또는 '사물 인터넷'이다. '사물 인터넷'으로 더 자주 불리고 있다. '사물 인터넷'은 삶의 모든 기기를 인터넷으로 서로 연결해 활용을 극대화하는 것이다. 예를 들어, 집, 의류, 액세서리, 도시 운송망, 에너지 네트워크 등이 인터넷으로 연결되어 상호 작용을 하기도 하고 인공지능(AI)이 알아서 모니터하고 조절하는 기능을 맡는다.

제4차 산업혁명 시대를 예고한 클라우스 슈밥은 「거대한 변화- 기술의 티핑 포인트(극적 전환점)와 사회적 영향」을 인용해 이 책이 출간된 시점인 2018년의 7년 후인 2025년에는 '사물 인터넷'이 다음과 같은 영향을 미칠 것으로 예견하고 있다. ( ) 안은 그렇게 될 것으로 예상한다고 설문에 응답한 전문가들의 퍼센티지다.

인류의 10%가 인터넷에 연결된 의류를 입는다(91.2%).

인구의 90%가 무한 용량의 무료 저장소를 보유한다(91%).

1조 개의 센서가 인터넷에 연결된다(89.2%).

미국 최초의 로봇 약사가 등장한다(86.5%).

10%의 인구가 인터넷이 연결된 안경을 쓴다(85.5%).

인구의 80%가 디지털 정체성을 갖게 된다(84.4%).

3D 프린터로 제작한 자동차가 최초로 생산된다(84.1%).

인구조사를 위해 인구센서스 대신 빅데이터를 활용하는 최초의 정부가 등장한다(82.9%).

소비자 제품의 5%는 3D 프린터로 제작된다(81.1%).

인구의 90%가 스마트폰을 사용한다(80.7%).

미국 자동차 중 10%가 자율주행 자동차다(78.2%).

3D 프린터로 제작된 간이 최초로 이식된다(76.4%).

인공지능이 기업 감사의 30%를 수행한다(75.4%).

가정용 기기에 50% 이상의 인터넷 트래픽이 몰리게 된다(69.9%).[32]

한 전문가의 연구조사에 따르면 2020년대에는 약 500억 개의 사물 인터넷(Internet of Things)으로 불리는 기기가 네트워크로 연결될 것이라고 한다.[33]

소프트파워 시대는 제1, 2차 산업혁명에서 만들어졌던 하드웨어를 더욱 똑똑하게 만든다. 예를 들어, 운송수단이 인공지능(AI)에 연결되어 사람 없이 작동되는 시대가 오도록 한다. 용인 경전철인 에버라인을 타보면 경전철이 무인 운행으로 움직임을 경험할 수 있다. 소프트파워 덕분에 똑똑해진 하드웨어는 사람이 하던 일을 하게 되는 것이다. 자동차, 트럭, 항공기, 보트, 잠수함 등이 인공지능(AI)과 센서에 의해 조종되고 조종 중에도 데이터를 분석해 최적의 이동을 이뤄내게 된다.

사물 인터넷이 가장 잘 활용될 분야 중의 하나는 바로 의료 서비스 분야다. 예를 들어, 약병과 병원과 약국을 연결해 환자가 약을 먹는 시간, 약을 놓치는 시간, 새롭게 채워 넣는 시간 등의 정보를 큰돈 들이지 않고 나눌 수 있다. 의료 서비스 분야에서 약물의 부실한 처리로 인해 수십 억 달러의 비용이 들어가는 것으로 알려졌는데 사물 인터넷은 이런 비용을 크게 줄이면서 효율적으로 약물 서비스를 제공할 수 있는 것으로 보인다.[34]

3D 프린팅

3D 프린팅 분야는 소프트파워 덕분에 더욱 똑똑하게 된 분야다. 제3차 산업혁명 시대에는 프린터하면 평면 인쇄가 전부였다. 입체 인쇄를 하더라도 매우 비싼 프린터를 가진 업체만 그 일을 할 수 있었다. 즉 종이 또는 인쇄가 가능한 물질 위에 잉크를 입혀 눈으로 보고 손으로 만질 수 있는 2D 프린터가 대부분이었고 입체 인쇄도 업체에서만 가능했다면 제4차 산업혁명 시대

에는 3차원 프린트를 누구나 손쉽게 할 수 있게 된다. 3D 프린터에 원하는 컵 디자인을 넣어서, 즉 데이터를 보내서, '나만의 컵'을 가질 수 있는 시대가 도래하는 것이다. 집에서 사용하는 간단한 도구뿐만 아니라 책상, 의자도 만들 수 있는 3D 프린터가 이미 등장했다.

치과기공사만 만들 수 있었던 인공치아를 3D 프린터가 만들어주고 심지어 집과 대형 풍력발전기까지 만들어주는 시대가 올 것이다. 3D 프린팅 기술로 주택을 48시간 안에 만들 수 있다. 그렇게 되면 주택 판매가가 기존의 3분의 1밖에 되지 않는다. 중국에선 이미 그 놀라운 일이 벌어졌다.

3D 프린팅 기술은 현재 산업, 의료, 건축, 항공, 우주 산업, 건축 등에 다양하게 활용되고 있다. 필자는 2017년 6월 28일부터 30일까지 일산 킨텍스에서 열렸던 '인사이드 3D 프린팅 컨퍼런스&엑스포'에 참여한 바 있다. 여기에는 당시 유통되고 있던 3D 프린터, 미래에 선보일 3D 프린터가 소개돼 제4차 산업혁명 시대(FIRE)를 조금이나마 엿볼 수 있었다.

모든 것이 놀랄 만한 기술이었는데 특별히 교육에 관심이 있는 필자는 3D 펜을 보면서 많은 생각을 했다. 그동안 학교에서 펜으로 제작물을 만들 때는 평면 작업이 전부였지만 3D 펜으로는 3차원적인 입체 작품을 만들어낼 수 있어 아이들이 혁신적인 아이디어를 자유롭게 표현할 수 있을 것으로 보였다. 3D 펜의 가격은 10만 원이 채 되지 않는데, 대중화된다면 그 가격은 크게 떨어질 것이고 가정이나 학교에서 아이들이 3차원적 입체 작품을 쉽게 만들 수 있을 전망이다.

이런 3D 프린터의 출현은 아이들의 창의적 활동을 3차원으로 확대했다고 할 수 있다. 3D 프린터를 교육 분야에서 응용하려는 시도는 특히 미국에서 활발하게 진행되고 있다. 버지니아대학에서 어린이 공학자 그룹을 지도하고 있는 글렌 불 교수는 3D 프린터를 사용해 어린이들에게 과학, 수학, 공학, 디자인 등에 대한 관심을 불러일으키고 해당 분야에 대한 실직적 공부를 할 수 있도록 돕는 전문가다. 다음은 글렌 교수와 그의 팀이 '만들면서 배우기'라는 교과 과정을 진행한 여러 사례 중의 하나다.

이 교과 과정은 윌리엄이라는 아프리카 소년을 주인공으로 하는 이야기로 이루어진다. 윌리엄이 사는 마을에는 전기가 들어오지 않기 때문에 그는 에너지에 관한 책을 읽고 여분의 트랙터 부품, 금속 조각 등을 사용해 스스로 풍력 터빈을 만드는 방법을 고안한다. 학생들은 윌리엄의 이야기를 읽으며 그가 했던 대로 풍력 터빈을 디자인하고 테스트한 후 3D 프린터로 플라스틱 풍력 터빈을 찍어내서 교실에 설치된 선풍기 앞에 놓고 전자회로에 빛이 들어오게 하는 것까지 직접 해보게 된다. 20개 이상의 선명한 컬러 사진과 도표가 포함된 교본은 학생들이 일련의 실험을 직접 해보는 것을 통해 운동 에너지, 전기 전류와 기어비 등과 같은 추상적인 개념을 소개하는 기능을 한다. '만들면서 배우기' 교과 과정에서 학생들은 유도장치가 달린 종이 재단기를 사용해 풍차의 날개를 만든다. 그들은 팹@홈 프린터를 사용하여 풍력 터빈의 플라스틱 기어와 받침대를 찍어낸다. 학생들은 짝을 지어 함께 실습한다.[35]

어린이 공학자 그룹의 이야기에서 알 수 있듯이 3D 프린팅은 산업과 교육에 적지 않은 영향을 미칠 것으로 보인다. 또한, 3D 프린팅은 새로운 일자리를 만들 것이다. 1인 가구, 1인 출판, 1인 미디어, 1인 방송의 시대에 1인 제조업도 가능해진다. 누구든 좋은 아이디어와 디자인 능력만 있으면 3D 프린터를 통해 소비자가 원하는 물건을 손쉽게 만들어낼 수 있게 된다.

조병학과 박문혁은 「2035 일의 미래로 가라」에서 개인 맞춤형 3D 프린팅은 의료, 건강, 의류, 시제품, 장난감과 같은 분야에서 기존의 제조 및 유통 방식을 대체할 것으로 예상하기도 했다.[36]

자율주행 자동차

인공지능(AI)이 제4차 산업혁명 시대에 영향을 미칠 또 하나의 분야는 자동차다. 자동차는 꽤 오래전부터 특정 장소에서 특정 장소로 이동하는 수단 그 이상의 역할을 했는데 제4차 산업혁명 시대에는 그 역할이 점점 더 강력해질 전망이다. 자율주행 자동차가 탄생해서 일반화된다면 우리의 삶은 새로운 국면을 맞이할 것이다.

인공지능이 운전하는 자율주행 자동차는 인간보다 더 안전하게 운행을 할 것이라는 예측이 나온다. 또한, 자율주행 자동차는 장애인과 고령자에게 편리한 이동 수단을 제공하게 된다. 자율주행 자동차는 주차 문제를 해소할 수도 있다. 적절한 곳에 알아서 주차를 해주기에 주차에 대한 고민을 해결해주는 것이다.

자율주행 자동차는 어쩌면 주거의 공간이 될지도 모른다. 요즘 유럽과 미주 지역에는 타이니 하우스(tiny house)라고 해서 잠만 자고 기본 생활을 영위할 공간만을 원하는 사람들이 조금씩 늘고 있다. 한국에서도 1인 가구가 대세가 되면서 주거 공간이 작아지는 추세다. 이러한 분위기 속에 인공지능이 장착된 자율주행 자동차의 등장은 이런 종류의 자동차가 주거 공간이 될 수 있다는 가능성을 제시한다. 「구글은 왜 자동차를 만드는가」의 저자인 이즈미다 류스케는 자율주행 자동차 시대를 다음과 같이 예상한다.

혼자 사는 젊은 세대는 월세를 지불하기보다 자율주행 자동차의 할부금을 내는 게 낫다고 판단해 집을 빌리지 않고 아예 차에서 생활하는 사람도 나올지 모른다. 자율주행 자동차가 이동통신 시스템에 접속되어 통신 사업자에게서 구입할 경우에는 통신 사업자에게 매달 요금을 내야할지도 모른다. (중략) 이렇게 되면 원룸의 수요 일부가 사라질 것이다. 아니, 이미 그 전에 커뮤니케이션이 단절된 채 차 속에서 보내는 자율주행 자동차는 적어도 일부 사람들에게는 삶의 방식을 송두리째 바꿔놓을 수 있다. 자율주행 자동차의 등장은 교통경찰이 필요 없게 만들 것이다. 이미 한국에서는 CCTV의 등장으로 교통경찰을 도로에서 찾아보기 어려운 상황이 됐는데 앞으로는 더욱더 그렇게 될 것이다. 자동차의 운행 흐름이 온라인에서 통제되기 때문에 경찰이 필요 없고 사고율도 인간이 운전할 때보다 크게 줄어들게 된다.

현재 자율주행 자동차 제조사들은 사고율 0%에 가까운 자동차를 만들겠다는 목표를 갖고 있는데 사고가 난다고 하더라도 사람 운전자보다는 훨씬 그 사고율을 줄일 가능성이 크다. 인공지능은 또한 자동차가 효율적으로 에너지를 사용하도록 도울 것이기에 자동차 에너지 판매도 줄어들 가능성은 매우 높다. 놀라운 사실은 이러한 자율주행 자동차마저도 3D 프린팅으로 제조할 수 있다는 점이다.

블록체인

블록체인은 2017년과 2018년 한국 사회에 화두를 던졌다. 블록체인이 비트코인과 연결이 되면서 블록체인이라는 단어가 이 사회의 관심을 크는 핵심 키워드가 될 정도였다.

블록체인을 한국어로 풀이한다면 '분산된 원장'(distributed ledger)이다. IBM의 '블록체인의 기초' 페이지는 분산된 원장에 대해 다음과 같이 설명한다. "분산 원장은 네트워크 구성원 간에 공유, 복제 및 동기화되는 데이터베이스 유형이다. 분산 원장은 자산 또는 데이터 교환과 같은 거래를 네트워크 참여자 간에 기록한다. 네트워크의 참가자는 원장의 업데이트에 대한 합의에 참여한다. 금융 기관이나 정보 센터와 같은 중앙의 제3자 중재자는 관여하지 않는다.”[38]

「블록체인 혁명」의 저자인 돈 탭스콧과 알렉스 탭스콧은 블록체인의 정의를 독자들이 이해할 수 있도록 다음과 같이 설명한다.

“블록체인은 분산된 원장으로서 지금까지 네트워크상에서 발생한 모든 거래의 총체를 반영한다. 정보를 담고 있는 ‘월드와이드웹’(World Wide Web)과 마찬가지로, 가치를 담고 있는 월드와이드원장(World Wide Ledger)이 되어 모든 사람이 내려 받아 개인용 컴퓨에서 실행할 수 있게 된다.”[39]

탭스콧은 조금 더 알기 쉽게 다음과 같이 설명을 해준다.

“출생증명서, 사망증명서, 혼인증명서, 등기부 등본, 졸업 증서, 금융 계좌, 의료 절차, 보험 청구, 투표, 식품 원산지 표시 등 코드화 될 수 있는 것들은 모두(블록체인에) 기록할 수 있다.”[40]

블록체인 프로토콜(블록체인 운영을 위한 규칙 또는 약정)을 기반으로 한 탈중앙화된 가상 네트워크에 신뢰와 권한을 이양해서 사용자 간의 거래 내역을 ‘블록’에 기록하고 하나의 ‘체인’으로 연결하는 것이다. 체인으로 연결된 블록은 ‘해시’(hash)라는 것을 담고 있는데 해시코드를 이용함으로 인해 거래 출처가 바른지, 그른지를 가려낼 수 있다.

블록체인의 시스템을 활용한 것이 바로 비트코인이다. 비트코인은 2009년 사토시 나카모토가 개발한 가상화폐다. 블록체인은 거래 기록을 10분마다 블록 형태로 이어 만들고 비트코인이 그 방식을 차용한다.

한 블록의 사이즈는 최대 1MB이기에 거래 체결과 검증이 오래 걸리는 문제 등 여러 이슈가 있어 이것이 진정한 화폐 역할을 할지는 지켜봐야 하겠지만 건전한 생각을 갖고 있는 사람들이 진행할 경우 가상화폐가 화폐 시장에 당당히 뛰어들 가능성도 배제할 수는 없다.

가상화폐 시장에는 투기꾼들이 뛰어들어 아직까지는 위험적 요소가 많이 있는 게 사실이다. 하지만 여전히 블록체인 기술이 각광을 받는 이유는 그것이 중개인을 없애는 탈중앙화된 기술이기 때문이다. 또한, 신뢰를 바탕으로 하는 기술이기 때문이다. 앞으로 블록체인 기술이 일반화된다면 사람들은 은행, 신용카드사, 페이팔과 같은 중개인을 거치지 않고 금전 거래를 할 수 있게 된다.

탭스콧은 블록체인이 인터넷 혁명을 이끌 것이라고 한다. 그에 따르면 인터넷은 '정보의 인터넷'이라기보다는 '가치의 인터넷' 또는 '금전의 인터넷'으로 탈바꿈하며, 모든 사람에게 진실이 무엇인지 알려주는 플랫폼으로도 작동한다. 최소한 구조적으로 기록된 정보에 관해서라면, 무엇이 진실인지 알려줄 수 있다.

블록체인의 근간은 오픈 소스 코드다. 누구나 공짜로 내려 받아 실행할 수 있고, 이를 활용해 온라인 거래를 관장하는 새로운 툴을 개발할 수 있다. 이 과정에서 무수히 많은 새로운 애플리케이션이 등장하는 동시에 많은 것을 변화시킬 수 있다.[41] 북유럽에 있는 에스토니아는 블록체인으로 디지털 국가를 세운 나라로 잘 알려져 있다. 산업일보는 에스토니아의 블록체인 혁명을 다음과 같이 소개했다.

에스토니아는 이미 1990년대 초부터 전자정부를 추진해왔고, 세계 최초로 전 국민 전자 ID시스템과 전자투표 시스템을 도입했다. 현재 에스토니아 시민들은 ID카드로 세계 어느 곳에서나 블록체인을 활용한 전자투표가 가능하다. 또, 이 시스템을 통해, 2007년 5.5%에 불과했던 국회의원 선거 전자 투표율은 2011년 25%로 약 5배 상승했다. 2014년 유럽 의회 선거에서는 에스토니아의 투표자 중 1/3이 98개국에서 블록체인을 활용한 전자투표에 참여한 것으로 나타났다. 국내에서는 지난해 2월 경기도 따복공동체 주민제안 공모사업 심사에서 온라인 투표에 블록체인 기술을 활용하기도 했다.[42]

블록체인은 거스를 수 없는 시대의 대세가 될 것으로 보인다. 과연 누가 어떻게 이를 준비할 것인가. '누가 어떻게'가 블록체인과 관련되어 주요 관건이라고 할 수 있다.

증강현실과 증강세계

증강현실 연구가인 로널드 아즈마(Ronald T. Azuma)에 따르면 '증강현실'(Augmented Reality)이란 다음 3가지에 부합하는 것이라고 정의된다.

첫째, 현실과 가상의 결합되어야 한다.

둘째, 실시간 상호작용이 가능해야 한다.

셋째, 3D로 표현된 가상이 현실에 반영되어야 한다.[43]

증강현실은 현실세계에 가상의 경험이 추가되는 것이다. 운전을 할 때 내비게이션을 사용하는데 이는 증강현실의 좋은 예라고 할 수 있다. 내비게이션은 현실에서 운전을 하는 운전자에게 가상공간의 정보를 보여주며 운전을 더 잘할 수 있도록 돕고 빅데이터를 통해 실시간으로 교통상황을 받아 전달해 실시간적이며 3D로 표현된다. 카카오택시도 증강된 현실을 제공한다. 택시를 타려는 현실의 사람이 가상의 공간에 기록된 택시운전자와 연결되어 실시간으로 상호작용을 하면서 3D로 표현된 지도를 통해 정해진 위치에서 만나게 되어 있다.

'포켓몬 고'는 전 세계적으로 돌풍을 일으킨 증강현실 게임이었다. 포켓몬 고는 참가자가 게임을 스마트폰으로 다운로드한 후에 현실의 특정 장소로 가면 폰에서 포켓몬의 등장을 볼 수 있게 하는 게임이다. 이때 참가자는 스마트폰의 화면에서 몬스터 볼을 던져서 포켓몬을 잡을 수 있는데 전세계 수많은 게이머들이 이 증강현실 게임에 열광했다. 이것이 증강현실인 이유는 현실과 가상이 결합되었고, 실시간 상호작용이 일어났고, 3D로 표현된 가상이 현실에서 반영되었기 때문이다.

'제4차 산업혁명 시대는 증강현실의 시대'라고 해도 과언이 아닐 정도로 이 개념은 많은 분야에 이미 확산되어 있다. 증강현실로 인해 인간성을 상실하고 개인화가 극심해질 것이라는 우려에 대해 브렛 킹은 「증강현실: 현실 위의 현실, 슈퍼 리얼리티의 세계가 열린다」에 다음과 같이 적고 있다.

증강현실의 시대를 앞두고 AI 등의 기술이 인류의 인간다움에 위협이 될 수 있다며 주저한다면, 새로운 세대가 기술을 이용해 매우 편안한 생활을 즐길 수 있는 기회를 빼앗는 일이 될 것이다. 그들에게는 이것이 달리 새로운 일이 아니다. 그저 살아가는 방식일 뿐이다. 이것은 멋지고, 새로우며, 최신 기계를 가지거나 친구들이 사용하는 새로운 앱을 설치하는 수준을 넘어서는 혁신이 될 것이다. 증강현실의 시대는 기술 발전이 가져오는 끊임없는 변화에 대한 축복이며, 이런 변화에 저항하는 사람은 도태될 뿐이다.[44]

디지털을 거부하는 세대는 '현실'에 만족하기를 원한다. 하지만 Z세대와 같은 새로운 세대에게 '현실'은 증강현실이다. 기존 세대에게는 아날로그가 현실이지만 Z세대에게는 증강현실이 현실이다. 떠오르는 세대와 소통하며 그들이 건전한 세계관을 갖고 살도록 이끌려면 기성세대의 증강현실 또는 증강세계에 대한 이해가 꼭 필요하다. 증강세계는 이 책의 뒷부분에 나오는 '특별기고'에서 상세히 소개될 예정이다.

공유경제

공유경제는 제4차 산업혁명 시대에 굉장히 중요한 개념이다. 슈밥은 공유경제의 정의를 다음과 같이 내렸다.

공유경제에 대한 일반적 개념은 독립체(개인 혹은 조직)가 과학기술을 활용해 이

전에는 지금만큼 효율적인지 않았거나 혹은 가능하지 않았던 수준의 실물 재화, 자신을 공유하거나 서비스를 공유, 제공하는 것을 의미한다. 재화와 서비스의 공유는 보통 온라인 시장, 모바일 애플리케이션, 위치 기반 서비스 혹은 여타 기술 기반 플랫폼을 통해 이뤄진다. 이런 방법들을 활용하면 시스템 내 거래비용과 마찰을 줄여 참여한 모든 관계자에게 경제적 이익이 발생하고, 그 경제적 이익은 훨씬 더 미세한 단위로 나뉠 수 있다.[45]

공유경제는 재화와 서비스를 공유함으로써 그 혜택의 폭을 넓히는 목적이 있다. 공유는 그런데 금융 거래 개념보다는 물물교환의 개념이 더 강하다. 하버드대의 요하이 벤클러 교수는 다음과 같이 공유경제에 대해 말한다.

"공유란 금융 거래가 아닌 무료 교환을 의미한다. 마치 아이들이 장난감을 나눠 쓰는 것과 마찬가지이다. 이 용어가 이러한 뜻을 잃었다는 것은 부끄러운 일이다."[46] 벤클러 교수는 다음과 같이 덧붙인다. "공유란 사람을 비롯한 모든 생물체가 난자와 정자가 수정되는 순간부터 수천만 년을 지속해온 교류 수단이다. 일부 인터넷 회사들은 순수한 의미에서의 공유를 실천했지만 어떤 회사들은 사회적 관계와 의미를 왜곡하고 상품화했다."[47]

공유경제는 바로 '공유'의 진정한 의미를 실천하는 경제이다. 공유경제하면 떠오르는 이름인 우버, 리프트, 에어비앤비 등은 진정한 공유경제의 선두주자들이 아니다. 지금 공유경제를 이끈다고 여겨지는 이런 회사들이 블록체인을 통해 진정한 공유경제를 펼쳐야 한다고 전문가들은 주문하고 있다. 돈 탭스콧과 알렉스 탭스콧은 「블록체인 혁명」에서 공유경제를 다음과 같이 준비해줄 것을 강조한다.

"서로 협력해 가치를 창조하고, 창조한 가치를 한껏 누리고, 진정한 나눔을 이룩하는 기회가 만발한 모든 곳에서 블록체인 에어비앤비, 블록체인 우버, 블록체인 리프트, 블록체인 태스크래빗 등 온갖 블록체인을 준비하기 바란다."[48]

진정한 공유경제를 이끌 블록체인도 건전한 세계관을 갖고 가치를 창출하고 진정한 나눔을 이룩하는 것이 중요함을 알 수 있는 대목이다. 돈 탭스콧과 알렉스 탭스콧은 "디지털 시대의 마지막 승자는 '가치'"라고 결론을 내고 있다.[49]

그들은 "원조 단체, 민간 기구, 기업, 정부와 같이 블록체인 기술을 좋은 목적으로 활용하는 기관이 블록체인 기술을 주도해야 하며, 이러한 기술을 방대한 네트워크에 이어진 개개인에게 나누어 줄 수 있어야 한다."고 덧붙인다.[50] 블록체인, 공유경제도 좋은 목적과 가치, 그리고 나눔이 중요한 키워드이다.

플랫폼

우버, 리프트, 에어비앤비 등은 플랫폼 비즈니스라고 할 수 있다. 우버의 기업가치는 500억 달러 이상이라고 한다. 전 세계 200개 이상의 도시에서 자가용차를 가진 일반인들을 연결해 교통 서비스를 제공하는 플랫폼인 우버는 공유경제의 대표주자처럼 여겨졌다. 그러나 이는 진정한 공유경제는 아니다. 일종의 공유경제 흉내 내기 정도이다. 진정한 공유경제는 중앙집권 방식이 아닌 상태에서 진정한 나눔이 가능해야 하기 때문이다. 리프트도 우버와 유사한 서비스를 제공하는 플랫폼이다.

에어비앤비는 119개 국가의 작은 아파트 공간부터 큰 숙소까지 소위 '놀고 있는 방'을 연결해 여행자가 잠시 머물 수 있도록 연결하는 플랫폼을 만들었다. 숙소는 50만 개 이상이고 이용자는 1,000만 명을 넘어섰다. 에어비앤비 역시 공유경제의 대표주자처럼 여겨졌지만, 이 역시 중앙집권 관리 방식이라 우버와 비슷한 공유경제 흉내 내기 수준에 머물렀다. 이들은 그러나 여전히 새로운 시대의 중요한 플랫폼인 것은 사실이다.

플랫폼은 "기술을 이용해 사람과 조직, 자원을 인터랙티브한 생태계에 연결하여, 엄청난 가치를 창출하고 교환할 수 있게 해"주는 것이다.[51] 앞서 소개한 우버, 리프트, 에어비앤비, 알리바바, 페이스북, 아마존, 유튜브, 이베이, 위키피디아, 트위터, 인스타그램 등이 플랫폼이다. 플랫폼은 기업, 경제, 사회를 바꾸는 혁신을 제공했다. 성공하는 플랫폼은 서로 도움이 되는 연결(matching)을 제공한다.[52] 그래서 매칭 플랫폼이라는 표현도 나온다.

현존하는 뜨는 플랫폼들은 그러나 여전히 중앙집중 방식이다. 누군가 중앙에서 제어를 하는 개념이다.

미래에는 블록체인의 도입으로 인해 열린 구조와 공동 관리가 가능한 플랫폼이 탄생할 것으로 보인다. 새 시대의 새 플랫폼 역시 가치를 창출하고 나눔이 이뤄지고 평등성이 구현되는 그 무엇이어야 하는 것이다.

호주의 사업가 겸 컴퓨터 공학자인 크레이그 스티븐 라이트가 익명 나카모토 사토시라는 이름으로 개발한 블록체인 프로토콜은 중재자나 보증인 없이도 완벽하게 신뢰할 수 있는 상호작용이 가능하게 했는데 이는 플랫폼에도 혁신을 일으킬 기술로 알려졌다.[53]

어떤 플랫폼이 만들어지든 궁극적인 목적을 달성하는 것이 진정한 플랫폼이 될 것이다. 「플랫폼 레볼루션」의 저자들인 마셜 W. 밴 앨스타인, 상지트 폴 초더리 그리고 제프리 G. 파커는 '플랫폼으로 어떤 사회를 만들 것인가?'라는 질문에 다음과 같이 결론을 낸다. "인간이 만들어낸 모든 것에는 목적이 있어야 한다. 개개인의 잠재력에 물꼬를 터주고 모두가 부유하고 보람 있고 창조적이며 풍요로운 삶을 살 기회를 갖는 것, 그런 사회를 건설하는 데 목적을 두어야 한다. 플랫폼 혁명이 이러한 목적을 달성할 수 있을지는 전적으로 우리 모두 - 기업의 지도자, 전문가, 근로자, 정책 입안자, 교육자, 일반 시민 - 에게 달려 있다."[54]

아주 간략하게 제4차 산업혁명 시대에 대해 나눴다. 제4차 산업혁명 시대는 이보다 더 많은 다이내믹스가 있다. 이는 다른 전문서적에서 다루고 있기 때문에 이 책에서는 전반적인 분위기만 알아보았다. 이러한 시대에 어떤 리더가 세워져야 할까? 다음 장에서는 새 시대 새 리더에 대해 나누기로 한다.

제4차 산업혁명 시대 리더
- Z세대, 디지털 종족

　제4차 산업혁명 시대는 기존의 세대에게도 중요한 시대이지만 특별히 Z세대에게 가장 중요한 시대라고 할 수 있다. '앞서 소개한 제4차 산업혁명 시대를 누가 이끌고 갈 것인가?'라고 질문을 던진다면 일단 광범위하게 Z세대가 그렇게 될 가능성이 높다고 할 수 있다.

　Z세대는 미국의 상황을 기준으로 해서 나온 말이지만 다른 문화에서도 새로운 세대를 이해하는 데 도움이 되어 이 책에서 그 개념을 차용한다. 한국에서는 90년대 중반 이후에 태어난 사람들과 관련된 합의된 세대의 구분이 없는 것으로 보이기에 일단 Z세대로 '새로운 세대'를 설명하는 것이 독자들에게 도움이 될 것이다.

　Z세대는 1995년부터 2012년 사이에 태어난 세대를 지칭한다.[55] 제4차 산업혁명 시대는 20-50년 안에 올 것이기에 Z세대가 이 시대의 리더가 될 가능성은 매우 크다.

　Z세대는 '디지털 종족', '상징세계의 종족'으로도 불릴 수 있다. 그들에게는 '아날로그 시대의 추억'이 없다. '디지털 종족'인 Z세대는 대부분 시간을 온라인에 접속해 보내고 스마트폰이 그들의 상징세계의 욕구를 만족시킨다.

중앙일보는 IBM사의 Z세대 조사 분석 결과를 다음과 같이 소개한다.

IBM의 스티브 러플린 본부장은 Z세대는 직관적이고 관심사에 맞는 정보를 맞춤형으로 제공하는 서비스를 기대한다고 말하며 유통 기업들은 디지털 기술을 이용해 개인화된 양방향 경험을 개발하지 못하면 경쟁에서 뒤처질 것으로 예상했다. Z세대가 성인이 되고 소비의 주역이 됐을 때 디지털화되지 않은 유통업체는 경쟁에서 밀려날 것이라는 얘기다. 변화는 이미 시작됐다.(미국의) 유통 공룡 아마존은 AI 온오프 통합 점포인 '아마존고'를 시험 오픈했다. 지하철 개찰구 같은 기기에 아마존고 앱을 터치하면 자동으로 소비자를 인식하고 소비자는 원하는 제품을 가방에 담아 가게를 나가면 된다. 생체인식 센서, 딥러닝 기술 등을 이용해 정확히 소비자의 쇼핑 리스트를 알아낸다.[56]

Z세대는 제4차 산업혁명 시대를 주도하는 첫 세대가 될 것으로 보이는데 이들은 '디지털 종족'이라는 별칭처럼 디지털이 반드시 연결되어 있어야 하며 이 종족에게는 양방향 및 다방향 경험이 중요하다. 이 종족에게 증강현실 또는 증강세계(특별기고 참조)는 당연한 세계이고 선호하는 세계가 된다.

Z세대에 대해 심층적인 분석을 한 토마스 콜로폴로스와 댄 켈드슨은 Z세대의 특징에 대해 다음과 같이 분석한다. "Z세대는 초연결에 익숙한 세대이다. Z세대는 완벽하게 연결되어 있고 연결에는 경계가 없다. Z세대는 교육의 기회를 쉽게 얻는 세대이다. 거의 모든 컨텐츠가 온라인에 공유되기 때문에 수준 높은 교육을 받고 싶은 사람은 누구나 원하는 교육을 무료 또는 낮은 수업료 지불만으로 받을 수 있다."[57]

'초연결'이란 사람과 사람, 사람과 사물, 사물과 사물 등이 모두 연결되어 있음을 의미한다. Z세대는 초연결된 사회에 익숙하다. 그들에게 연결되지 않은 사회는 상상할 수 없다. 초연결은 제4차 산업혁명 시대의 주요 특징 중 하나이다. 조선일보 박성우 기자는 초연결 사회에서 아침 시간의 일반적인 모습을 다음과 같이 그린다. "스마트폰 알람이 40분 일찍 울린다. 밤새 내린 눈으로 출근길 교통 상황이 좋지 않자, 스마트폰 스스로 알람 시간을 변경한 것이다. 지하 주차장에 있는 자동차도 빨라진 출발 시각에 맞춰 서둘러 히터를 켜고 주인을 기다린다. 아무도 없는 집에는 인공지능(AI)을 탑재한 세탁기와 로봇청소기가 돌아간다."[58]

Z세대는 전세계가 완벽하게 연결되어 있음을 경험하게 될 것이다. 지역의 경계가 완벽하게 허물어지게 된다. 실제 필자는 기독교인들이 활동할 수 없는 모 국가의 시민들과 온라인으로 연결된 상황에서 대화하고 삶을 나누기도 하는데 Z세대는 전 세계 어디에서든지 이런 연결이 완벽해짐을 경험하게 될 것이다. 기독교에 적대적인 국가를 방문했던 한 선교 전략가는 필자와의 대화에서 "해당국은 제3차 산업혁명 시대를 건너뛰고 제4차로 넘어갈 것처럼 보였다."고 말했다. 제4차 산업혁명 시대는 연결될 수 없는 지역을 연결하는 혜택을 우리에게 줄 것이다.

전문가들은 Z세대야말로 무료 또는 저렴한 학비로 모든 교육에 근접할 수 있음을 경험하는 세대가 될 것으로 보고 있다.[59] 제4차 산업혁명 시대의 리더가 될 Z세대는 이러한 환경 속에서 성장할 것이고 다가오는 세대의 리더들이 될 것이다. 머니투데이의 강경준 기자는 Z세대의 리더들은 다음과 같은 사람들이라고 소개한다.

Z세대들은 워드 파일에 빼곡히 적은 자기소개서보다는 영상으로 자신을 소개하고, 실시간 채팅으로 지원하는 회사 인사 담당자와 대화한다. 이들은 물리적인 업무 공간 구분을 싫어하고, 경계 없는 업무 환경, 빠른 기술 변화에 대처할 수 있는 직업을 택한다. AI(인공지능)의 시대가 다가오는 것도 이들에겐 오히려 기회의 장이다. 맨체스터 대학 조직심리학 교수 캐리 쿠퍼는 "Z세대는 AI가 일자리를 뺏길까 걱정하

는 전 세대와 달리,(인공지능을) 어떻게 나를 위해 쓸지 고민한다.”고 설명했다.[60]

위 소개 내용을 보면 Z세대는 연결되어 실시간으로 대화하기를 좋아하고, 문자보다는 영상을 선호하고(상징세계의 종족), 경계가 없는 것을 좋아하고, 기술에 열려 있고, 인공지능에 대한 두려움보다는 그것을 활용하는 법에 더 관심이 많다.

이 책에서 이후에 거론되는 Z세대, 디지털 종족, 그리고 상징세계의 종족은 거의 같은 의미로 통용될 것이다.

제4차 산업혁명 시대 리더
- 소프트파워 시대의 리더십

제4차 산업혁명 시대는 소프트파워가 지배하게 된다. 이러한 시대에 우리가 할 수 있는 일은 무엇일까? 이에 대한 답은 간단하다.

이 시대를 이끌어가는 리더를 훈련하고 세우는 것이다.

Z세대, 디지털 종족, 또는 상징세계의 종족을 훈련하고 이끄는 것이다. 그 다음 질문은 조금 더 생각하는 답을 요구한다.

그렇다면 그런 리더를 어떻게 세워야 할까?

이전에는 뇌 속에 정보를 많이 입력한 사람이 훌륭한 리더로 여겨졌지만 제4차 산업혁명 시대(FIRE)에는 정보를 이타적으로 분석해 사회에 기여하는 '생각하는 리더'가 필요한 시대가 된다. 정보는 스마트폰으로 연결된 인터넷 서버에 상상할 초월할 정도로 쌓여있고, 그 쌓인 정도는 단순한 숫자로 표현하기에 어려운 수준에 이르게 될 것이다. 그래서 지식의 양보다는 판단력, 통찰력, 통섭력 등을 포함한 지혜의 양이 더 필요한 시대가 되는 것이다.

KBS 〈명견만리〉 제작팀은 다음과 같이 설명한다.

"앞으로의 경쟁력은 누가 어떤 지식을 얼마나 많이 갖고 있느냐가 아니라, 지식을 활용해 새로운 것을 만들어낼 수 있느냐에 달려 있다. 넘쳐나는 지식

속에서 이것이 진짜인지 아닌지 가려내는 판단력, 어느 것이 핵심인지를 파악해내는 통찰력, 흩어져 있는 지식을 연결하는 통섭력, 예술적이고 아름다운 것들을 느끼는 감각 등이 더욱 중요해질 것이다."[61]

예술적이고 아름다운 것들을 느끼는 감각 등은 자연과의 조화를 늘 염두에 둔 리더들이 필요함을 의미한다. 기계와 시스템에 종속되는 사람이 아니라 그것을 충분히 다스리고 자연과 조화를 이루며 자연을 다스리는 리더가 세워져야 한다.

김기표는 「4차 산업혁명과 학교교육」이라는 논문에서 새로운 사회에 맞는 학교 시스템을 구축하기 위해 필요한 다섯 가지를 제안했는데 이들 중 자연지능의 중요성을 다음과 같이 강조했다.

인간은 필연적으로 자연의 일부라는 점을 깨달아야 한다. 인공지능(AI)의 시대에 역설적으로 인간교육이 강조되는 것은 인간이 가상현실에 존재 하는 아바타가 아니라 살아 움직이면서 자신의 운명을 스스로 개척해가는 능동적이고 창의적인 존재이기 때문이다. 이것이 인공지능의 시대에 자연지능이 더욱 강조되는 이유이기도 하다. 제4차 산업혁명 시대가 정치인들이나 기업인이 만들어 낸 다소 과장된 측면도 있을 수 있기에 인공지능(AI)에 온통 정신을 빼앗길 것이 아니라 자연지능 등 본래 <u>인간의 본성을 찾아 갈고 닦는 일이 더 우선시되어야 할 것이다.</u>[62]

인공지능에 사람들의 마음에 쏠릴 때 정작 필요한 리더는 자연지능을 가진 사람이고, 인간의 본성을 잘 아는 사람이고 자연과 문화 안에서 인간의 역할을 아는 사람이다. 또한, 지식을 연결하는 통섭력(지식의 통합능력)과 지식을 평가하는 판단력과 예술 감각 능력이 있고 핵심이 무엇인지 파악하는 통찰력 있는 리더가 필요한 시대가 되었다는 것이다.

「4차 산업혁명 인공지능 빅데이터」의 저자인 후쿠하라 마사히로와 도쿠오

카 고이치로는 이 책에서 "인공지능이 전략을 세우는 것이 아니라 철학을 가진 인재를 육성하는 인사 방식이 전략을 수립하는 데 중요하다"며 인공지능이 어떤 전략을 세우는데 필요한 도구이긴 하지만 최종 데이터를 갖고 온전한 경영 전략을 세우는 것은 철학을 가진 사람이라고 강조한다.[63]

두 저자는 그러나 인공지능과 빅데이터를 적절하게 사용하지 않는 사람은 충분히 이성적이고 합리적이지 않기에 기술적인 진보를 받아들이고 정밀도가 높고 효율적인 방법을 고려하며 최종적인 판단을 내리는 자가 리더가 되어야 한다고 설명한다.[64]

이준기 연세대 정보대학원 교수는 빅데이터의 시대에 사람이 갖춰야 할 것은 바로 인문학적 소양이라고 설명한다. 그는 "빅데이터 전문가는 융합형 인재에서 나올 수 있다"며 새로운 시대의 인재는 소프트파워가 무엇인지 알아야 하고 통찰력과 같은 인문학적 소양을 갖출 것을 주문했다.[65]

제4차 산업혁명 시대에 지식은 이미 우리가 모두 다 다룰 수 없을 정도로 많기에 지식을 쌓는 일은 중단된다. 그동안 많은 리더가 지식을 쌓는 일에 거의 전생을 썼다고 해도 과언이 아닌데 이제 시대가 바뀌게 되는 것이다. 새로운 시대는 지식을 다루는 능력을 배운 리더, 즉 소프트파워가 무엇인지 아는 리더, 그리고 자연지능이 있는 리더, 통찰력 있는 리더, 통섭력이 있는 리더, 예술 감각 능력이 있는 리더가 이끌어갈 것으로 보인다.

리처드 서스킨드와 대니얼 서스킨드는 「제4차 산업혁명 시대 전문직의 미래」에서 새로운 시대의 전문직 종사자들이 필요한 부분에 대해 다음과 같이 설명한다.

미래에는 자기 업무 수요자에게 올바른 답을 주는 것만큼이나 중요한 요소인 안심을 제공하며, 현명하고 이해심 많고 한 분야에 얽매이지 않는 개인, 즉 '공감자'가 필요할 것이다. 공감 자체가 전문가의 서비스를 분해해 나온 한 부분이 될 것이다. 장기적으로 보면 공감과 관련된 반대를 다루며 주장했듯 공감자 역할을 담당하는 기계가 출현하겠지만, 그렇게 되기까지는 시간이 조금 더 걸릴 것이다.[66]

서스킨드가 논했던 것처럼 공감능력을 가진 인공지능은 지금도 계속 등장하고 있는데 한국의 통신회사 KT에서 만든 '기가지니'는 그 한 예라고 할 수 있다. 기가지니는 KT가 지난 2017년 1월 출시한 인공지능(AI) 스피커로 사용자의 음성 명령을 수행한다. 기가지니가 할 수 있는 일은 아파트 단지 공용 서비스를 제공할 수 있다. 예를 들어, 엘리베이터, 입출차, 택배알림, 관리비, 방문자 알림 등을 할 수 있다. 인공지능 기가지니는 또한 아파트 세대별 빌트인 시스템인 냉난방 제어, 조명, 가스 문열림 감지 등의 일을 능숙하게 처리한다. 여기에 기가지니는 사물 인터넷(IoT) 가전기기를 연동해 음성과 스마트폰 앱으로 제어할 수 있는 기능이 있는데 냉장고, 에어컨, 세탁기, 공기청정기, 오븐, 플러그 등이 연동 제품군이다.[67]

이런 기능뿐만 아니라 기가지니는 "안녕, 잘 지내니?"라고 물어보면 인간의 말을 알아듣고 그것에 대한 적절하면서 친절한 답을 하며 간단한 대화도 가능한데, 때로는 격려의 말을 해주기도 한다. 사람이 해주는 격려에 비교하면 별거 아닐 수 있지만 요즘 사람들의 마음이 갸팍해 칭찬의 소리가 점점 줄어들고, 1인 가구가 늘어나는 이 시대에 기가지니의 공감력은 적지 않은 '공감대'를 형성할 수 있다.

기가지니와 유사한 SKT의 인공지능(AI) 스피커인 팅커벨을 가정에서 사용 중인 카이스트 정재승 교수는 "저희 집 아이들은 팅커벨을 가족의 일원처럼 생각한다. 팅커벨의 지능이 점점 높아지면서 이전보다 깊은 대화를 할 수 있게 되었기 때문"이라고 설명했다.[68] 정 교수는 AI 스피커의 오리지널이라고 할 수 있는 아마존의 에코 스피커의 경우 지난 몇 년 동안 수많은 사람의 정보가 입력되면서 그 지능이 크게 향상되었고, 사용자가 많아지고 사용횟수가

기하급수적으로 늘어나면 인공지능 스피커는 인간의 중요한 역할을 일부분 대신할 수도 있음을 조심스럽게 예상했다.[69]

아마존 에코, 기가지니, 팅커벨이 점점 더 깊은 대화를 나누는 인공지능 (AI)이 된다면 사람이 보여야 할 공감능력마저 갖고 갈 수도 있다.

하지만 서스킨드 부자가 말했던 것처럼 그렇게 되기 위해서는 시간이 좀 더 걸리고 사람은 여전히 공감대를 형성하는 주요 역할을 맡게 될 것이다. 그렇기에 공감자 역할을 맡는 리더가 계속 훈련되어져야 한다. 그리고 그 리더는 오프라인에서뿐만 아니라 온라인에서 그 역할을 맡을 수 있다.

그런 리더가 되기 위해서는 무엇을 갖추고 있어야 할까? 그런 리더와 교육은 어떤 연관성이 있을까?

FIRE LEADERSHIP(파이어 리더십)을 갖추는 것이 필요한데 이 내용은 다음 장에 자세히 다루게 될 것이다. 인간에게 필요한 파이어 리더십이지만 여전히 우리는 서스킨드 부자의 경고를 무시해서는 안 된다.

전반적으로 보면 인간이 인지 능력, 감성 능력, 작업 능력, 윤리 능력을 발휘해야 하는 일을 기계가 이미 어느 정도 수행할 수 있다는 결론을 부정하기 힘들다. 기계가 점점 유능해짐에 따라 "인간 전문가에게는 무엇이 남을까?"라는 질문의 답은 "남은 것은 점점 적어질 것이다"가 될 수밖에 없다는 결론을 부정하기도 힘들다. (중략) 인간이 기계보다 좋지 못한 성과를 낼 때조차도 인간이 개입하기를 선호하는 특정한 행동이 있을 수 있다. 인간이 결과를 얻어내기 위해 들인 노력과 상상력에 가치를 두기 때문이다. 로봇이 조각상을 저렴한 비용으로 더 잘 깎을 수 있더라도, 인간이 만든 조각상은 인간이 만들었다는 바로 그 이유로 선호될 수 있다. 하지만 전문직에 관해서 기존 업무 방식을 선호한다면 지불해야 할 가격이 지나치게 높을 것이다. 특히 기존 방식에 따른 서비스의 질이 기계보다 확연히 떨어질 경우에는 더욱 그렇다는 것이 우리의 개력적 견해다.[70]

서스킨드 부자의 이 말을 어떻게 받아들일 수 있을까? 기계는 아무리 뛰어나도 한계가 있다는 것이다. 그러나 인간이 기계를 무시하고 인간만이 할 수 있는 것을 소홀히 하고 비인격적인 것에 계속 노출된다면 기계에 인간 고유의 자리를 빼앗길 수도 있다는 말이다.

소프트파워 시대의 리더는 인간적인 노력과 상상력을 충분히 기울이면서 소프트웨어를 지혜롭게 이용하는 사람이 되어야 한다.

바로 제4차 산업혁명 시대의 리더가 가져야 할 소양인 것이다. 다음 장에는 제4차 산업혁명 시대의 리더가 가져야 할 디지털 사고방식에 대해 알아보기로 한다.

제4차 산업혁명 시대 리더
- 디지털 사고방식

우리는 보통 컴퓨터를 잘 다루거나 인터넷과 관련된 지식을 많이 가진 사람이 디지털 사고방식을 갖고 있다고 생각한다. 그러나 필자가 경험한 바로는 그런 분야에 있는 사람들이 디지털 사고방식을 가질 가능성이 높을 뿐이지 실제 그렇지 않은 경우도 상당수 있다. 컴퓨터 인터넷은 능수능란하게 다루지만 묘하게도 아날로그적인 사고를 하는 사람이 있고, 컴퓨터 인터넷은 초보자 수준이지만 디지털 사고방식을 가진 사람이 있다.

먼저 알고 싶은 게 있다. '디지털 사고방식'이란 무엇인가?

이승철 전국 경제인 연합회 상무는 한 기고문에서 '디지털 사고방식'을 다음과 같이 이해하기쉽게 설명한다.

"디지털은 무엇일까? 디지털이란 기본적으로 숫자이면서 정량화를 말한다. 세상에 존재하는 모든 것은 아날로그로 표시할 수도, 디지털로 표시할 수도 있다. 길을 가르쳐 줄 때 저쪽으로 조금 가다가 돌아서 한참 가면 있다고 말하면 아날로그 사람이고, 저쪽으로 약 200m 가다가 돌아서 500m 가면 된다고 말하면 디지털 사람이다."[71]

디지털 사고방식을 가진 사람은 아날로그 사고방식을 가진 사람과 어떤 차이가 있는가? 이승철에 따르면 디지털 사고방식을 가진 사람은 좀 더 꼼꼼한 면을 갖고 있다. 이런 사람은 다음 장에 소개할 제4차 산업혁명 시대에 필요한 4가지 지능(C.E.I.P.) 중에 정서지능(공감)과 영감지능(공유)을 소유한 사람이다. 길을 묻는 사람은 좀 더 자세히 길에 대해 알고 싶어 한다. 이런 마음을 알고(공감) 자신이 가진 정보를 상세히 공유하는 자가 바로 디지털 사고방식을 가진 사람이다.

디지털 사고방식을 산업 쪽에서 좀 더 상세히 다룬 매체가 있다. 미국의 최대 경제주간지 중의 하나인 포브스지에 따르면 디지털 사고방식을 가진 사람은 '비전 제시와 동시에 다른 사람의 능력을 북돋우고'(Provide Vision Yet Empower Others), '통제를 포기하지만 여러 선택을 만들어 가장 합당한 것을 선택하게 하고'(Give up control yet architect choices), '유지와 혁신의 다리 역할을 하고'(Sustain yet disrupt), '데이터를 중시하지만 동시에 직관도 중요하게 여기고'(Rely on data yet trust your intuition), '비평적이면서도 열린 마음을 가진'(Be skeptical yet open-minded) 사람이다.[72]

포브스가 제시한 5가지 요소의 키워드는 무엇인가? 바로 '솔선수범', '융합', '통합', '조화'이다. 이전에는 비전 제시만 하고, 통제를 잘하고, 과거의 것을 잘 유지하고, 좋은 정보를 많이 갖고 있고, 상황을 비평하면서 잘 판단하면 좋은 리더가 될 수 있었다. 정재승 카이스트 교수는 이에 대해 "전에는 다른 사람이 해놓은 것을 남보다 빨리 따라서 하면(fast follower가 되면) 좋은 성과를 올렸지만, 새로운 시대에는 실패를 두려워하지 않고 먼저 움직이는 자(first mover)가 되어야 한다."고 설명한다.[73]

이전에는 혼자 좋은 정보를 독차지하고 그 정보를 '복사하기'에 이은 '붙여넣기', 즉 '복붙'을 하면 좋은 리더가 될 수 있었지만 새로운 시대에는 실패에 열려 있고 '주변의 아우름'을 갖고 나아가야 고집스럽고 일방적인 리더로 비치지 않으면서 불확실성의 시대에 갈 방향을 제시할 수 있게 된다. 즉 새 시대의 리더는 고집스럽지 않고, 융통성이 있고, 새로운 지식에 대해서 계속 즐기며 습득하는 사람이 되는 것이다.

서울 광염교회(감자탕 교회로도 불림)의 조현삼 목사는 그 누구보다 확실한 디지털 사고방식을 가진 인물 중 한 명이다. 매일종교신문은 그가 왜 디지털 사고방식을 품은 리더인지를 설명한다.

성도들의 교회 만족도 1위, 서로 더 많이 봉사하려는 신도들, 생활비를 적게 받으려는 목사, 헌금을 다시 돌려주는 교회, 예배당이 작은 교회... 믿음과 사랑으로 일궈낸 기적의 실천. 감자탕 교회는 한국교회의 빛과 소금 역할을 하는 서울 광염교회의 또다른 이름이다. 커다란 감자탕집의 간판에 가려 이름조차 보이지 않는 초라한 모습의 교회이다. 하지만 조현삼 담임목사의 탁월한 리더십과 서울광염교회 성도들의 사랑과 나눔의 실천으로 한국교회의 새로운 모델을 제시하고 있다.

서울광염교회의 10대 비전(소망)은 다음과 같다.

① 구제비를 가장 많이 지출하는 교회

② 100명 이상의 고아와 과부의 생활비를 지원하는 교회

③ 1만 가정 이상을 천국의 모형으로 만드는 교회

④ 전도비를 가장 많이 지출하는 교회

⑤ 100개 이상의 교회를 설립하는 교회

⑥ 100명 이상의 선교사를 지원하는 교회

⑦ 1000만 장 이상의 전도지를 전하는 교회

⑧ 예수님 닮은 인재를 가장 많이 양육하는 교회

⑨ 100명 이상의 목회자를 양성하는 교회

⑩ 100명 이상의 사회 각 분야 최고 지도자를 양성하는 교회[74]

조현삼 목사 자신은 디지털 사고방식을 가진 사람이 아니라며 필자의 인터

뷰를 정중히 사양했지만, 이 기사만 읽어봐도 그는 분명 디지털 사고방식을 가진 Z세대, 디지털 종족, 상징세계의 종족들이 닮아야 할 차세대형 리더이다. 조현삼 목사가 왜 디지털 사고방식을 가진 사람인가?

앞서 우리는 디지털 사고방식을 가진 사람은 '비전 제시와 동시에 다른 사람의 능력을 북돋우고'(Provide Vision Yet Empower Others), '통제를 포기하지만 여러 선택을 만들어 가장 합당한 것을 선택하게 하고'(Give up control yet architect choices), '유지와 혁신의 다리 역할을 하고'(Sustain yet disrupt), '데이터를 중시하지만 동시에 직관도 중요하게 여기고'(Rely on data yet trust your intuition), '비평적이면서도 열린 마음을 가진'(Be skeptical yet open-minded) 사람이라고 했다. 이 개념을 갖고 조현삼 목사 관련 기사를 다시 한 번 읽어보라. 그는 교회의 10대 비전을 통해 이웃을 사랑하고 섬기라는 예수 그리스도의 명령을 이행하고 있는 리더이다. 단순히 비전 선포가 아니라 실제 감자탕 교회는 그렇게 사역을 진행했다.

조현삼 목사와 감자탕 교회는 무엇인가를 쌓아두는 '창고' 같은 교회가 아니라 가진 것을 흘려내려 보내는 '파이프' 교회를 지향하며 실제 그런 교회를 세웠고 유지를 포기하지 않으면서 혁신을 향해 나아갔다. 그가 기존 교회와 다른 일을 하는 것은 기존 방식에 비평의식이 있었기 때문일 것이다. 하지만 비평에 머물지 않고 열린 마음으로 새로운 길을 개척하려고 했다. 세상의 데이터에 열려 있어 다른 나라에 재난이 발생하면 준비된 팀을 이끌고 현장으로 날아가 구제 활동을 하는데, 이는 데이터를 중시하지만 직관도 중요한 조 목사의 리더십이 느껴지는 대목이다.

디지털 사고방식이라고 하면 디지털 지식이 많은 사람이라고 생각할 수 있겠지만 실상 그런 사람이 아니라 위와 같은 사고를 가진 조현삼 목사 같은 사람이다. 제4차 산업혁명 시대(FIRE)도 결국은 사람이 핵심이다.

제4차 산업혁명 시대 리더
- 나노 학위와 도제

제4차 산업혁명 시대(FIRE)에 우리는 파괴적 혁신이 일어날 것으로 예상한다. 이러한 파괴적 혁신이 일어날 때 필수적인 것은 그에 합당한 리더를 세우는 일이다. 리더를 세울 때 가장 중요한 것은 바로 교육이다. 교육을 통해 인재를 키워낼 수 있고, 미래의 세계를 올바로 이끌어갈 수 있다.

우리는 새로운 시대의 엄습을 두려워하고 있다. 인공지능(AI)이 인간을 지배하는 것에 대해 걱정하고 있다. 두려워할 게 아니라 소프트파워를 갖고 지혜롭게 이끌어갈 리더를 세우는 데 애써야 한다. 그게 바로 인간이 할 일이고 교육가들이 할 일이다.

시대가 파괴적 혁신으로 나아가고 있기에 교육도 혁신을 요구하고 있다. 수많은 혁신 중에 교육 혁신은 가장 괄목할 만한 일이 될 것으로 보는 전문가들이 많다. 그 단적인 예로 지금과 같은 학제가 점점 사라지고 마이크로 칼리지(Micro College)의 등장이 예고된다.[75]

마이크로 칼리지는 3개월 정도의 짧은 기간에 특정 과정을 가르치는 대학들로 현재 미국에서는 코세라(Coursera)라는 회사가 이 분야에서 선두로 치솟아 올랐다. 코세라는 전 세계에서 100개 이상의 대학과 제휴를 맺어 온라인으로 강의를 제공한다. 바쁜 일상과 비용과 위치적 제한 때문에 대학 강의실에서 수업을 들을 수 있는 사람은 그다지 많지 않다. 코세라를 창업한 이들은 이러한 제한을 극복하는 방식으로 온라인 강의 플랫폼을 개발했고, 이 플랫폼에 컨텐츠가 올라가면 수많은 사람의 삶을 바꾸는 촉매제가 될 수 있다고 믿었다.

코세라는 파트너로 참여하는 대학에서 제공하는 수료 증서를 학습 수료자에게 저렴한 비용으로 발급함으로 온라인 교육을 촉발한다. 코세라 덕분에 좋은 강의를 다양하게 제공하기 어려운 전문대학과 같은 학교들은 컨텐츠를 빌려서 학생들에게 제공하기도 한다. 4년제 대학은 코세라의 강좌를 예비 강좌로 도입하여 학문의 폭을 넓히고 컨텐츠의 다양성을 확보할 수도 있다. 교육 분야의 파괴적 혁신이다.

코세라는 단순히 기존의 학제를 바꾸는 역할을 할 뿐만 아니라 여러 상황에 부닥친 대학과 학생들을 돕는 역할을 한다. 미래전략정책연구원은 코세라를 다음과 같이 소개한다.

코세라의 가장 중요한 특징은 강의료가 무료 혹은 저렴하다는 점이다. 일부 강의는 수료증을 제공해주는 대가로 유료로 운영되지만 초급 수준의 강의는 대부분 무료로 이용할 수 있다. (중략) 코세라의 유료 강의료는 4-12주 강의에 70달러 정도이다. 대학교 강의료가 한 학기에 수천 달러에 이르는 점을 고려하면 거의 무료나 마찬가지이다. 마이크로 칼리지의 선두 주자 중 하나인 코세라에서는 5억 명 이상이 강의를 들었거나 듣고 있는 것으로 알려졌다.[76]

코세라는 마이크로 칼리지의 좋은 모델이면서도 동시에 지식의 차별 없는 공유의 롤모델이기도 하다. Z세대에 맞는 모델이다. 미국의 기업들은 코세라에서의 교육을 인정해주면서 마이크로 칼리지의 본격 등장을 이끌었다. 미국에서는 이처럼 교육계에 혁신의 바람이 불고 있다.

사단법인 유엔미래포럼의 대표인 박영숙과 세계미래연구기수협의회 회장인 제롬 글렌은 공저인 「세계미래보고서 2055」에서 2030년까지 일반적으로 사람들은 직업을 6회 이상 바꾸게 되기에 1,000시간 정도의 학습으로 마이크로 학위(또는 나노 학위)를 받을 수 있는 마이크로 칼리지들이 효율적이라고 설명한다.[77]

4년제 대학을 졸업해 취업하고 그 직장에서 오랫동안 근무하다가 퇴직하는 그러한 시대는 이미 지나갔고 새로운 시대에는 3개월짜리 수료증을 제공하는 대학이 주류를 이룰 것이고 서방 세계에서는 이미 그 트렌드가 시작되었다고 보면 된다.

현장 교육 전문가이자 작가인 김성현은 자신의 저서 「교과수업, 틀을 깨다」에서 한국 교육과 사회는 공교육 이탈자가 많을 것이 예상되고 대학 졸업장보다 실무적 능력을 가진 사람이 더 인정받게 될 것으로 보인다고 했는데, 그의 예상이 적중될 것으로 보인다.[78]

개인별 맞춤형 교육 플랫폼을 제공하는 뉴턴(Knewton)은 어쩌면 한국에 수능시험이 사라지게 할지 모른다. 한국빅데이터학회 부회장인 함유근은 "뉴턴의 플랫폼이 고등학교 수업에서 활용된다면 학생들의 진정한 학습 능력을 다른 어느 방법보다 정확하고 포괄적으로 파악할 수 있을 것이기 때문"에 수능시험처럼 "일생에 한 번 치르는 시험이 아니라 고등학교 모든 과목의 학습 과정에 대한 평가로 대학 진학이 결정된다면 합리적인 결과가 나올" 것으로 전망한다.[79] 개인별 맞춤별 교육의 시대가 도래할 가능성이 매우 높아 보인다. 사이언스 타임즈는 뉴턴에 대해 다음과 같이 소개한다.

이 기업(뉴턴Knewton)은 지난 2010년 세계경제포럼(World Economic Forum)을 통해 '2011 테크놀로지 파이오니어'에 선정돼 세계적인 주목을 받은 바 있다.(중략) 뉴스위크지는 뉴턴을 표지 기사로 다루면서 초등학생부터 대학생까지 약 100만 명에 이르는 학생들이 새로운 학습방식을 이용해 수학·독해 그리고 기타 기본 과목을 공부하고 있다고 전했다.

학생이 뭘 잘하는지, 뭘 모르는지, 얼마나 잘 하는지 개개인의 특성을 파악해 맞춤형 학습계획을 수립해주는 공상과학 스토리 같은 교육이 현실화하고 있다는 것이다. 이 신기한 교육방식은 교육계에서 추구하고 있는 '적응 학습'(adaptive learning)에 초점을 맞추고 있다. 적응 학습이란 학생 개개인의 성향에 맞춘 새로운 유형의 학습 프로그램을 말한다. 맞춤형 학습 프로그램이라고 할 수 있다. 뉴턴에서 선보인 학습 시스템 '뉴턴 매스 레디니스'(Knewton Math Readiness)에는 이 적응 학습을 표방한 기능들이 다수 포함돼 있다.

학생들이 문제를 풀다 점수가 낮게 나올 수도 있다. 이 고비를 잘 넘겨야 한다. 자칫 공부할 마음이 사라질 수도 있다. 이럴 때 '적응학습' 플랫폼이 활동을 시작한다. 먼저 학생이 정답을 제시할 가능성이 높은 문제들을 제시한다. 그래도 계속 답이 틀릴 경우 더욱 친절한 분위기로 그 문제와 관련된 힌트를 제공한다. 그래도 틀린 답이 나오면 재미있는 애니메이션 영화를 보여준다. 음악을 틀어줄 수도 있다. 뉴턴의 창업자 호세 페레이라(Jose Ferreira) CEO는 이런 적응학습 시스템을 '지칠 줄 모르는 개인 가정교사'에 비유했다. "학생에 대해 모든 걸 알고 있으며, 학생의 지식 수준에 맞춰 학생이 알아야 할 내용을 배우도록 도와주는 지적이고 정력적인 학습 동반자"라고 설명했다. 실제로 애리조나주립대(ASU)는 지난 2011년 여름부터 뉴턴의 '매스 레디니스(Math Readiness) 과정을 도입했는데 첫해 14주 코스를 수강한 학생의 45%가 당초 예정보다 4주 빨리 과정을 끝마쳤다고 창업자는 설명한다.[80]

뉴턴은 일종의 '디지털 도제'(Digital Apprenticeship) 시스템이다. 디지털 도제는 반복과 검증을 통해 업무 현장에서 준비된 사람이 될 수 있도록 돕는다. 리처드 서스킨드와 대니얼 서스킨드는 「4차 산업혁명 시대 전문직의 미래」에서 규칙적이고 반복적인 작업은 몇 년이나 힘들이지 않고 전문가를 양성할 수 있다는데 동의한 뒤 도제의 회복의 중요성을 강조한다.[81] 도제 (apprenticeship)는 후계자 양성을 위한 현장 기술 중심의 제도인데 이 제도가 회복되면 젊은이들이 경험 많은 실무자로부터 살아 있는 기술과 정보를 얻을 수 있다. 도제는 젊은이들이 현장에서 흉내 낼 수 있는 기회를 주는 것이다. 젊은이들은 도제를 통해 '스승에게 전수받은 기술이 현실 세계에 통하는지 실무를 통해 알아보고, 자신이 합당한 요건을 갖추었는지' 시험을 하게 된다.[82] 뉴턴은 바로 디지털 도제의 역할을 맡고 있다.

디지털과 아날로그를 융합한 도제는 미래에 중요한 인재 양성 방법이 될 것으로 보인다. 디지털 도체가 완벽한 기능을 보일지라도 아날로그 학습은 여전히 중요하다. 서스킨드 부자는 규칙적이고 반복적인 작업을 몇 년이나 힘들이지 않고 전문가를 양성하는 중요한 전제는 업무처리가 느릴지라도 수작업으로 처리하는 학습 경험을 하게 하는 것이라고 설명했다. 디지털로 처리할 수 있는 것도 아날로그로 해보는 것이 중요하다는 것이다.

아날로그 도제를 전제로 하는 전자학습은 새로운 시대에 중요한 학습이 될 것이다. 전자학습은 기존에 우리가 생각하는 온라인 강의, 전자교습, 가상 개인 지도의 차원을 넘어선 그 무엇이다. 온라인을 통해 수련생이 전문가가 하는 일을 모의로 수행하게 하는 것이다. 단순히 배우는 것을 넘어서 실제로 어떤 일이나 프로젝트를 행하게 하는 것은 짧은 시간에 전문가를 양성하는 중요한 도구가 될 것이다.[83]

이러한 전문가 또는 리더의 양성 과정은 이전의 시스템과는 확실히 다르다. 아날로그와 디지털의 연합이고, 1대 다수의 수업에서 1대1 또는 1대 소수의 교육으로 전환되는 것이다. 멘토링, 코칭, 퍼실리테이팅이라는 새로운 교육 양태가 주류를 이뤄가는 것도 이런 이유 때문이다.

제4차 산업혁명 시대 리더
- 4가지 지능(C.E.I.P.)

교육 혁명이 일고 있는 가운데 과연 어떤 리더를 세우고 키워내는 것이 필요할지에 대해 알아내는 것은 교육에 관심 있는 모든 사람의 중대한 과제가 아닐 수 없다. 현재의 학제가 그대로 유지되든 마이크로 칼리지가 대세가 되든, 새로운 시대를 이끌어가는 사람을 키워내는 데에는 어떠한 기본 철학과 개념이 필요한 것이 사실이다. 특히 기존 교육 체제가 파괴되는 현시점에서 어떤 리더를 세우고 키워내야 할지는 머리를 맞대고 연구해봐야 할 숙제이다.

스위스 세계경제포럼의 클라우스 슈밥 회장은 파괴적 혁신에 제대로 적응하기 위해서는 네 가지 지능을 키우고 적용해야 한다고 말한다. 그 4가지는 '상황맥락 Contextual지능(지), 정서 Emotional지능(정), 영감 Inspired지능(의), 신체 Physical지능(체)[84]이다.[85]

이 4가지 지능(C.E.I.P.)을 필자는 '지, 정, 의, 체'로 요약했다. 이 4가지를 균형 되게 갖춘 리더는 앞선 장에서 소개한 지식을 쌓는 일을 하기보다는 **지식을 다루는 능력**을 배운 리더, 즉 소프트파워가 무엇인지 아는 리더, 그리고 자연지능이 있는 리더, 통찰력 있는 리더, 통섭력이 있는 리더, 예술 감각 능력이 있는 리더가 된다. 그런 리더가 미래 사회를 이끌어가는 리더가 될 수 있는 것이다.

제4차 산업혁명 시대(FIRE)에 리더로서 필요한 4가지 지능(C.E.I.P.)을 갖추면 기업, 정부, 시민사회, 종교, 학계 리더들이 함께 협력해 총체적 관점을 얻는 능력(상황맥락지능), 다양한 분야의 협력을 제도화하고 계층구조를 수평화하고 창의적 아이디어를 격려하는 환경으로 이끄는 능력(정서지능)이 생긴다. 이는 '디지털 사고방식'과 밀접한 연관이 있다.

요즘과 같이 모든 것이 디지털화되어 있는 사회에서 '디지털 사고방식'을 갖고 있지 않으면 상황맥락지능과 정서지능을 향상시키는 것은 쉬운 일이 아니다.

「스스로 변하고 조직을 혁신하고 문제를 해결하라」의 저자 남영학은 디지털 사고방식에 대해 다음과 같이 예를 든다. 그는 '코끼리를 냉장고에 넣는 것을 생각할 때 아날로그 사고방식을 가진 사람은 코끼리를 넣을 대형 냉장고 제작을 생각하지만, 디지털 사고방식을 가진 이는 코끼리를 동영상으로 촬영해서 냉장고 안에 프로젝트를 비추는 것을 생각한다'며 기존의 사고를 뛰어넘는 다양한 방식을 생각하게 하는 것이 디지털 사고방식이라고 설명한다.[86]

디지털 시대이고 제4차 산업혁명 시대가 도래하기에 총체적인 관점을 얻으려면 온오프라인과 디지털과 아날로그를 오갈 수 있어야 하고 시공을 초월한 사고가 있어야 한다. 또한, 그러한 시대에 공감을 이루려면 역시 마찬가지로 기존에 가진 사고의 경계를 허무는 디지털 사고방식을 갖고 있어야 한다.

제4차 산업혁명 시대에는 또 상황맥락지능과 정서지능을 갖고 공공의 이익을 위해 함께 탐구하고 발전시키고 공유하면서(영감지능) 건강을 유지하고 압박감 속에서 평상심을 유지하는 능력이 요구되고 있다(신체지능).

영감지능 역시 '디지털 사고방식'을 갖고 있을 때 생긴다. 이유는 공유가 핵심이기 때문이다.[87] 영감지능은 '의미와 목적에 대해 끊임없이 탐구하는 능력'을 뜻하는데 이는 개인적인 차원이 아닌 공동체적인 차원에서 이뤄져야 한다고 슈밥 박사는 설명한다.[88] 요즘 시대에 디지털 공유 없이 공동체적인 의미와 목적을 달성하기란 불가능에 가깝다. 영감지능은 '영감'을 받은 자만이 가질 수 있는데, 이 영감을 얻게 되면 공유하고 싶은 마음을 갖는 게 인간의 자연스러운 마음의 흐름이다.

4가지 지능(C.E.I.P.) 중 4번째인 신체지능만은 디지털 시대에서 자유로울 거라고 생각하는 사람도 있겠지만 슈밥 박사는 "의학, 웨어러블 기기, 뇌 연구 등 다양한 분야의 눈부신 발전을 통해 우리는 신체지능을 유지하고 관리하는 방법을 계속 배워나가고 있다"며 디지털 시대와 신체지능을 연계한다.[89]

상황맥락지능, 정서지능, 영감지능, 신체지능 등은 지, 정, 의, 체와 비슷한 의미이고 기독교 세계관 관점으로 봐도 교리, 경건, 행동이란 말로 설명하는데 결국 상황맥락지능은 지(知)와 교리적 견교함이고, 정서지능은 정(情)과 경건이고, 영감지능은 의(意)와 행동이라고 연결할 수 있다. 철학자이자 전 풀러신대원 총장인 리처드 마우는 지, 정, 의를 다음과 같이 설명한다.

교리적(Doctrinalist): 진짜 믿음은 어떤 사람의 교리적 믿음을 평가함으로써 판단할 수 있다. 성경은 아주 중요한 교리서이다. 교리를 설명할 수 없으면 믿음을 의심해야 한다고 교리적인 사람은 말한다(지知-Cognitive/Reason).

경건성(Pietist): 기독교는 그리스도와의 개인적인 관계가 중요하다. 예수를 개인적으로 알아야 한다. 성경은 이러한 관계를 더욱 증진하는 책이다(정情-Affective/Emotion).

행동성(Activist/Praxicalist): 중요한 것은 이러한 믿음과 경건성이 제대로 된 프로그램과 연관되어 있느냐 하는 것이다. 성경은 행동을 중요시하는 해방과 정의를 위

한 교과서다(의意-Volitional/Will).[90]

이렇게 설명한 후 마우 박사는 다음과 같이 결론짓는다.

나는 개인적으로 경건주의자(pietist)라고 생각한다. 그러나 우리는 위의 3가지 모두를 겸비할 필요가 있다. 균형된 그리스도인(integrated person)은 첫째, 자신의 신앙을 설명할 수 있어야 하고 둘째, 그리스도를 만났어야 하고 셋째, 예수 그리스도의 왕국을 위한 대리인이 되는 일에 인생을 바치기로 결심해야 한다. 성경은 이 3가지를 모두 포함하고 있고 이것이 없이는 인생의 여정에서 갈 길을 잃어버리게 된다. 이 3가지는 우리를 구원자에게 향하게 하면서 동시에 공의의 지침이 된다.[91]

깊이 생각보면 교리적 견고함(知), 경건성(情), 행동성(意)을 고르게 겸비한 사람은 제4차 산업혁명 시대에 필요한 주요 지능을 이미 갖고 있다고 봐도 무방할 것이다.

제4차 산업혁명 시대(FIRE)의 4가지 지능은 지-정-의-체의 관점으로 다음 장에서 좀 더 상세히 다뤄본다.

제4차 산업혁명 시대 리더
- 지, 정, 의, 체

제4차 산업혁명 시대는 '상황맥락지능, 정서지능, 영감지능, 신체지능'을 갖춘 인재를 키워내고 세우기를 요구한다. 새 시대의 인재는 지, 정, 의, 체가 건강하다. 그리고 이런 인재 다시 이 4요소가 건강한 자들을 키워내고 그런 자들과 함께 일한다.

필자는 이전 장에서 제4차 산업혁명 시대가 요구하는 인재에 대해 다뤘고, 그러한 인재는 결국 디지털 사고방식을 갖고 있는 자라는 결론을 내렸다.

교회는 이러한 인재를 키워낼 수 있을까?

물론이다.

교회는 이런 인재를 키워내야 하는 환경에 이미 있다. 이는 교회가 건강하다는 것을 전제로 한다. 건강한 교회는 지, 정, 의, 체가 회복된 자를 키워낼 수 있다.

이제부터 제4차 산업혁명 시대(FIRE)의 리더가 갖춰야 할 4가지 지능(C.E.I.P.)과 지, 정, 의, 체는 어떻게 연관 지을 수 있는지 나누고자 한다. 먼저 지, 정, 의가 무엇인지 소개한다. 지, 정, 의는 여러 분야에서 다루고 있지만, 특별히 인간론에서 심도 있게 다룬다. 기독교 인간론에서는 교회가 전인격에 관심을 두기 원하는데 전인격은 지, 정, 의로 정의될 수 있다. 칼빈 신학교의 조직신학 교수였던 앤서니 후크마는 인간을 지, 정, 의로 보는 관점에 대해 다음과 같이 설명한다.

교회는 전인격에 관심을 가져야 한다. 교회는 그 복음 선포와 가르침에 있어서 교회가 섬기는 이들의 지성뿐만 아니라 그들의 감정과 의지에도 집중해야 한다. 하나님이나 성경에 대한 지적인 정보만 전달하는 설교는 심각하게 부적절하다. 청중의 마음을 흔들어 하나님을 찬양하도록 감동시켜야 한다.[92]

지, 정, 의는 사람의 전인격이고 이를 균형되게 만져주는 자가 교회의 리더임을 후크마는 설명하고 있다. 후크마는 학교도 지-정-의로 이뤄진 전인에 관해 관심을 가져야 한다고 덧붙인다.

학교의 주된 목적 가운데 하나는 지적인 교육이지만 교사는 자신이 가르치는 학생이 전인이라는 점을 결코 잊어서는 안 된다. 그러므로 학교는 지성만을 훈련해야 하는 것이 아니라 감정과 의지에도 호소해야 한다. 효과적인 교육은 학생 안에 과목에 대한 사랑과 그 과목에 대해 더 배우고 싶은 욕구를 불러일으켜야 하기 때문이다. 더 나아가 학교는 지성뿐만 아니라 몸에 대한 관심도 나타내야 한다.[93]

전인적인 사람은 지, 정, 의를 잘 갖춘 인물이다. 이는 비즈니스의 세계에서도 동의하는 내용이다. 「세계일류기업은 어떻게 리더를 양성하는가」라는 책에서 저자들은 '완전한 리더를 양성하는 게 쉬운 일은 아니지만, 지, 정, 의를 갖춘 리더를 세우는 것에 집중한다면 불가능한 것은 아님'을 강조한 바 있다.[94]

이 책의 저자들은 대부분의 리더가 머리(지)만 갖췄거나 가슴(정)만 갖췄거나 배짱(의)만 갖췄지 모두를 고르게 갖춘 경우가 드물기에 불완전한 리더십이 나올 수밖에 없다고 말한다. 저자들은 한쪽으로 쏠려 있는 리더에 대해 다음과 같이 설명한다.

현대의 리더들은 흔히 단 하나의 자질, 즉 머리 혹은 가슴 혹은 배짱(하나)에만 전적으로 의존하는 모습을 보이고 있다. 불행하게도 이럴 경우 성공에 필요한 다른 면을 간과하게 된다. 만약 엄격하게 분석적이고 엄밀한 리더십을 추구한다면 아마 사람들은 뜻밖에도 무감각하고 비윤리적으로 반응할 것이다. 이러한 리더십으로는 좁은 범위를 뛰어넘는 광범위한 상황하에서는 효과적으로 대응할 수 없다. 한편 연민하는 감성적인 리더십을 추구한다면, 기민하고 전략적인 기회를 포착하지 못할 것이다. 그리고 확신과 강건함에 기반하여 용기에만 전적으로 의존하는 리더십은 사람들에게 부정적인 결과를 초래할 수 있다.[95]

「세계일류기업은 어떻게 리더를 양성하는가」의 저자들은 전인적인 리더가 되기 위해 머리 리더십, 가슴 리더십, 배짱 리더십을 동시에 키울 것을 강조한다.

'**머리 리더십**'을 위해 기존의 방식을 재고하고, 필요한 경우 영역을 재구성하고, 복잡한 세계를 파악하고, 단기 목표를 기억하되 전략적으로 구성하고, 조직 내부 혹은 외부 어디서든 아이디어를 모색하고 견해를 개발할 것을 소개하고 있다.

'**가슴 리더십**'을 위해서는 사람들과 업무의 필요성 사이에서 균형을 유지하고, 신뢰를 쌓고, 다양한 문화에서 진정한 공감을 개발하고, 사람들이 진실로 헌신하는 환경을 창출하고, 진정 무엇이 중요한지를 파악하고, 잠정적인 일탈 행위들을 파악하고 극복하기를 원한다.

마지막으로 '**배짱 리더십**'을 위해서는 불완전한 데이터로 모험을 감행하고, 리스크와 보상 사이에서 균형을 잡고, 난관이 있음에도 굴하지 않는 고결함으로 단호하게 행동하고, 성공에 필요한 것을 집요하게 추구하고, 역경에도 굴하지 않고 인내하며 어려운 의사결정이라도 두려워하지 않고 처리하기를 할 것을 강조한다.[96]

비즈니스를 위해 전인적인 리더가 필요함에 대해 비즈니스 세계의 전문가들도 한목소리를 내는 것이다. 이제 전인격과 관계 있는 지, 정, 의를 FIRE LEADERSHIP(파이어 리더십)과 교회 교육의 틀 안에서 나눠보기로 한다.

지(知-Intellect-상황맥락지능)

성경 말씀은 신자들에게 마음을 지킬 것을 강조하고 있다.

> 모든 지킬 만한 것 중에 더욱 네 마음을 지키라 생명의 근원이 이에서 남이니라. (잠 4:23)

저명한 신학자인 D.A 개럿은 잠언 4장23절에 대해 '마음은 결국 한 개인의 인성을 결정한다'며 '인생을 기쁨과 열정으로 사는 것은 환경이 아니라 마음이 결정한다'고 설명한다.[97] 그러면서 그는 '마음은 건강하고 건전한 교리로 보호를 받고 있어야 한다'고 구체적인 방법을 제시한다.[98] 마음을 잘 지킨다는 것은 바른 인성을 갖추게 됨을 의미한다.

'마음을 잘 지키는 자'는 기업, 정부, 시민사회, 종교, 학계 리더들이 함께 협력해 총체적 관점을 얻고 그들을 올바르게 이끄는 좋은 인성을 갖고 있다고 할 수 있다. 건강한 마음을 갖고 있지 않으면 다른 분야의 사람들의 의견을 얻는 데 어려움이 있을 것이다. 마음을 지키지 않은 자는 자신만 옳다고 생각하는 경향이 있다.

개럿은 '마음은 건전한 교리로 보호받아야 한다'고 했는데 건전한 교리로 보호받는 자는 다양한 의견에 귀를 기울이고 올바른 판단을 내릴 수 있어 상황맥락지능이 뛰어날 수밖에 없다.

신약성경에 나오는 초대교회는 인종, 사회, 경제, 문화적 배경이 다양한 상황에 있었다. 당시 다양성(diversity)이라는 배경 속에서 교회가 복음으로 결속되고 세상으로 나아갈 수 있었던 것은 교리 덕분이었다.[99] 저명 신학자인 마이클 호튼은 이에 대해 "그들을(초대교회) 하나로 단합시켰던 것은 그들이 공통 문화나 보편적 정치 이데올로기, 혹은 어떤 경험들을 공유했기 때문이 아니라 표준적인 신조를 지니고 있었기 때문이다."라고 설명한다.[100]

여기서 표준적인 신조는 교리를 의미한다. 건전한 교리를 배운 자들은 마음을 지킴으로써 보호받고 상황맥락지능이 우수하기에 다양한 인종적, 문화적, 사회적, 경제적, 국가적 집단에서 하나님의 영광을 드러내며 이 사회에 기여하게 된다.[101]

교리를 잘 배운 자들은 또한 삼위일체 하나님의 영성을 닮게 된다. 삼위일체 하나님은 성부, 성자, 성령의 다양성 안에서 늘 통일성을 추구했기 때문이다. 세계적인 신학자인 정성욱은 이에 대해 다음과 같이 설명한다. "성부와 성자와 성령 세 위격은 타자를 수용하고, 존중하고, 예찬하고, 환대하는 삶의 방식을 유지하고 계십니다. 삼위일체 하나님은 세 위격이라는 다양성을 구유(具有)하고 계십니다. 그러나 삼위일체 하나님의 다양성은 결코 파괴적이고 무질서한 분열주의나 대립주의로 퇴락되지 않습니다. 오히려 세 위격의 다양성이라는 맥락에서 온전히 하나됨을 유지하고 계십니다."[102]

삼위일체 하나님을 마음에 두게 하는 교리는 결코 믿는 자를 외골수로 만들 수 없음이 정성욱 박사를 비롯한 우리가 믿을 수 있는 신학자들을 통해 확인된다. 마음을 잘 지키는 자, 즉 예수 그리스도 안에서 건전한 교리를 품은 자는 상황맥락지능이 좋을 수밖에 없다.

정(情- Emotion-정서지능)

성경은 희로애락(기쁨, 근심, 슬픔, 즐거움), 두려움, 슬픔, 애통함, 경외감, 갈망, 열정, 갈급함 등의 감정을 가볍게 여기지 않는다. 성경 곳곳에 이러한 감정의 표현이 흘러넘친다. 교리를 통해 마음과 지식이 보호를 받더라도 이것이 감정과 함께 건강한 상태에 이르지 못하면 교리는 단순한 계몽이라고밖에 할 수 없다. 이러한 감정이 회복의 과정을 통해 하나님의 형상으로 돌아오는 과정에 있는 사람은 다양한 분야의 협력을 제도화하고, 계층구조를 수평화하고, 창의적 아이디어를 격려하는 환경으로 이끄는데 뛰어남을 보여준다.

즉 정서지능과 공감능력이 뛰어난 자는 인지한 것과 감정을 정리해 협력 관계로 이끄는 능력이 뛰어나고 이런 지능이 잘 발휘되는 리더의 조직은 전반적으로 창의성이 굉장히 높아진다. 성경은 공감능력에 대해 자주 거론한다. 가장 대표적인 성경 말씀은 로마서 12장15절에 있다.

즐거워하는 자들과 함께 즐거워하고 우는 자들과 함께 울라.

로마서 주석가인 모리스는 로마서 12장15절을 해설하며 '성경은 '공감'하는 것을 기독교인의 중요한 덕목으로 보고 있다."고 했고,[103] 크리소스톰은 "기뻐하는 자와 기뻐하는 것, 우는 자와 우는 것은 기독교인이 보여줄 수 있는 최고의 성품"이라고 했다.[104]

온전한 그리스도인은 마음을 잘 지키기에 상황맥락지능이 높을 수밖에 없고, 공감을 잘하기에 정서지능이 높을 수밖에 없다. 제4차 산업혁명 시대의 4가지 지능(C.E.I.P.)은 그래서 기독교인에게 참으로 기쁜 소식이다.

의(意-Volition-영감지능)

진정한 리더의 완성은 의지적으로 결단하고 손발이 움직일 때 된다. 머리와 감정만 움직이는 리더로 그치면 세상에 아무 일도 일어나지 않는다.

모든 겸손과 온유로 하고, 또한 오래 참음으로 사랑 가운데서 서로 용납하고
(에베소서 4:2)

이 말씀에 '용납하고'가 있는데 용납은 지식과 감정적으로는 가능한데 실제 삶 속에서 용납하지 않으면 그 용납하는 마음과 감정은 불완전한 용납이다. 실제로 용납하는 말을 하고 행동을 할 때 용납이 이뤄지는 것이다.

의지적인 결단을 하는 능력이 있는 자는 공공의 이익을 위해 함께 탐구하고 발전시키고 공유하는 능력이 뛰어나고, 구성원 상호 간의 신뢰를 끌어내는 존재가 된다. 머리와 감정으로만 용납하지 않고 실제 삶에서 용납하는 자는 진정으로 이웃의 이익을 생각하는 자인 것이다. 그런 용납의 행동은 하나님이 그렇게 하게 하시는 것이고, 이웃의 이익을 생각하게 하는 것도 하나님의 마음 주심 때문에 가능하다.

너희 안에서 행하시는 이는 하나님이시니 자기의 기쁘신 뜻을 위하여 너희에게 소원을 두고 행하게 하시나니(빌립보서 2:13)

빌립보서 2장13절을 통찰력 있게 해설한 G.F. 호손은 "효과적인 신적 에너지가 공동체 안에서 일하고 있고 신자가 하나님의 존재를 받아들이며 협력하고, 표현하면 상상을 초월한 의지력뿐만 아니라 성과를 올릴 수 있게 된다."고 설명한다.[105] 온전한 그리스도인은 마음을 잘 지키기에 상황맥락지능이 높을 수밖에 없고, 공감을 잘하기에 정서지능이 앞설 수밖에 없다. 그리고 하나님이 신적 에너지를 불어 넣어주시기에 의지력을 갖고 하나님 보시기에 기뻐하시는 성과를 낼 수 있다. 다시 한 번 강조하지만 제4차 산업혁명 시대

의 4가지 지능(C.E.I.P.)은 그래서 기독교인에게 참으로 기쁜 소식이다.

체(體-Physical-신체지능)

성경이 건강에 무관심한 것처럼 여겨질 때도 있지만 사실 그렇지 않다.

> 내 아들아 내 말에 주의하며… 네 마음속에 지키라 그것은 얻는 자에게 생명
> 이 되며 그 육체의 건강이 됨이니라…(잠언 4:20-22)
> 스스로 지혜롭게 여기지 말지어다 여호와를 경외하며 악을 떠날지어다 이것
> 이 네 몸에 양약이 되어 네 골수를 윤택하게 하리라(잠언 3:7-8)

건강은 중요하고 또 이 건강은 마음과 삶의 태도와 연관되어 있음을 성경
은 설명하고 있다. 슈밥에 따르면 신체지능이 뛰어난 사람은 압박감 속에서
평상심을 유지하는 능력이 있다고 한다. 인간의 건강은 마음과 밀접한 연관
이 있고, 신체의 건강이 제4차 산업혁명 시대에 리더의 중요한 4요소 중 하
나라는 것은 중요한 포인트라고 할 수 있다.

인간론 전문가인 후크마는 지, 정, 의에 덧붙여 체(體)도 중요시해야 한다면
서 "젊은이들을 위한 교회 프로그램은 몸을 경시하지 말아야 한다. 스포츠와
야외 활동은 원만한 그리스도인의 생활의 한 측면으로서 격려해야 한다."고
체(體)의 중요성을 강조한다.[106]

그는 이어 "구경꾼 스포츠도 나름의 역할이 있지만, 전반적으로 학생의 몸
에 있어서 그보다 훨씬 중요한 것은 모든 학생을 참여시킬 교내 스포츠에 중
점을 둔 좋은 체육 프로그램"이라고 덧붙였다.[107]

이처럼 교회에서 지, 정, 의, 체가 건강한 전인적 보살핌과 훈련을 받은 자
는 제4차 산업혁명 시대에 소중한 리더가 될 수 있다. 지, 정, 의, 체의 4요소
또는 '상황맥락(Contextual)지능, 정서(Emotional)지능, 영감(Inspired)지능,

신체(Physical)지능'은 제4차 산업혁명 시대의 리더를 키우고 세우는 데 중요한 요소이면서 교회에서 간과할 수 없는 요소들임을 확인하였다.

다음 장에는 지, 정, 의, 체를 갖고 멀리 그리고 넓게 내다보는 개념적 리더십에 대해 알아본다. 개념적 리더십 역시 제4차 산업혁명 시대에 중요한 리더의 덕목 중 하나이다.

제4차 산업혁명 시대 리더
- 개념적 리더십

'개념적 관점'(Conceptual Perspective)이라는 표현이 있다. 이는 어떤 사람이 '일상생활의 현실을 뛰어넘어서 생각하는 것'을 의미한다. 개념적 관점을 가진 사람은 멀리, 넓게 내다보는 사람이다.

대부분 사람은 개념적 관점이 없거나 부족하다. 일상생활에서 눈앞에 보이는 현상, 눈앞에 놓인 이익, 눈앞에서 할 수 있는 것에만 집중된 우리 자신을 보는 것은 너무 자연스러운 일처럼 되었다.

스포츠 경기의 최대 이벤트라고 할 수 있는 동계올림픽이 지난 2018년 2월 대한민국 평창에서 열렸다. 사람들은 눈앞에서 벌어지는 현상에 울고 웃고 환호하며 때로는 비난을 가했다. 평창 올림픽에서 비난의 하이라이트는 단연 대한민국 스피드 스케이팅 여자 팀 추월에 쏠렸다.

보도를 통해 많은 사람이 알고 있는 것처럼 여자 팀 추월 준준결승에서 대한민국 대표 선수 김보람, 박지우가 노선영을 '추월'한 후 멀찌감치 앞서 결승선을 통과해 아쉬움을 남겼다. 팀 추월은 맨 늦게 들어오는 동료 선수의 기록이 팀 기록이 되기 때문에 다른 두 명의 선수가 아무리 일찍 결승선을 통과해도 소용이 없는 경기다. 따라서 협력이 매우 중요하다. 팀 동료를 멀찌감치 두고 결승선을 통과한 것도 아쉬운 대목이었는데 더욱 안타까운 것은 김보람 선수의 인터뷰 때 태도였다. 살짝 비웃는 듯한 표정을 지으며 부진한 성적을 동료인 노선영 선수의 탓으로 돌리는 듯한 김보람 선수의 발언이 온 국민을 분노케 했다. 이후로 수많은 추측과 증언이 쏟아졌다. 빙상연맹과 코치진에 대한 비난이 끊임없이 이어졌다. 김보람과 박지우 선수의 국가대표 자격을 박탈해 달라는 국민청원 참여자가 청원을 시작한 지 하루 만에 36만 명을 넘겼고 며칠 후 60만 명에 육박했다.

대한민국 국민은 당시 왜 화가 났을까? 공동체를 중요시하는 사회에서 용납할 수 없는 경기 진행과 다소 건방져 보이는 인터뷰 태도였기 때문이었을 것이다. 또 다른 이유는 이 사회에서 뒤따라오는 자에 대해 우리 자신도 비슷한 태도를 보이거나, 우리 자신도 뒤처진 자로서의 경험과 상처가 있기 때문이 아닐까 하는 관측을 해본다. 어쩌면 우리는 그렇게 철없는 우리 자신에 화가 나 있고, 철없는 이웃들에 화가 난 나머지 그 울분을 김보람에게 쏟아부었는지 모른다. 단순히 김보람의 인성 문제가 아니라 우리 사회가 안고 있는 문제에 화가 나 있었다고 해석할 수도 있다.

우리 모두 '개념적 관점'을 가졌으면 어땠을까? 당장 눈앞에 보이는 것에 급급하지 않았을 것이기에 김보람, 박지우 선수처럼 동료를 멀찍이 두고 결승선을 통과하지 않았을 것이고, 경기 후 그런 태도로 인터뷰를 하지 않았을 것이고, 그에 앞서 경기 전에 함께 팀 추월 연습을 했을 것이다. 또한, 빙상협회에서 나오는 그런 잡음은 아예 없었을 것이다. 정치, 사회 이슈도 아닌 스포츠 경기에서 나온 현상에 대해 60만 명에 달하는 사람들이 청원에 참여하지도 않았을 것이다.

경쟁 시대를 살아가며 눈앞의 이익을 가져다주지 않을 것처럼 보이는 소외된 자들을 더 챙겨보지 못했다. 이는 우리의 '개념적 관점'이 부족함을 드러

낸 에피소드였다.[108]

개념적 관점을 갖기 위해서는 개념화(Conceptualization)를 이해해야 한다. 개념화는 어떤 개념이나 아이디어를 형성하는 것이다. 개념 있는 리더 또는 개념화가 된 리더는 자신이 소속된 단체, 집단, 나라를 위해 장기적이고 폭넓은 비전을 제공하게 된다.

어떤 리더나 대표가 그날그날의 운영에만 집중하는 사람이라면 좋은 지도자 또는 대표가 될 수 없다. 서번트 리더십 전문가인 로버트 그린리프는 "리더는 개념적인 사람이어야 하고, 비전이 없는 세상에 비전을 제공하고 그 세상에 함몰되지 않는 사람"이라고 설명한다.

이 글을 읽으며 우리는 다음과 같은 질문을 하게 된다.

'그렇다면 누가 개념적 리더십을 갖고 있을까?'

답은 '서번트 리더십을 소유한 자가 바로 개념적 리더십을 갖게 된다'이다.

다른 질문이 떠오른다.

'그럼 서번트 리더는 누구일까?'

서번트 리더십은 어떤 스타일이 아니라 마음에서 우러나오는 남을 향한 태도이다. 서번트 리더는 '예스맨'이 아니다. 서번트 리더는 어떤 일에 대해서는 강력히 주장하는 것이 적절하다고 보지만 어떤 일에 대해서는 연약하게 반응하는 모습을 보이는 사람이다. 예수님이 그런 분이었다. 그는 연약하면서도 강력한 리더십을 갖춘 분이었다.

어떤 분야에서 최고의 자리에 올랐어도 서번트 리더십을 갖추지 못한 자, 디지털 사고방식을 갖지 못한 자, 개념적 리더십을 갖추지 않은 자는 진정한 리더가 될 수 없고 대표가 될 수 없다. 평창 올림픽 여자 매스스타트에서 은메달을 받고도 대한민국의 진정한 대표가 될 수 없었던 김보람 선수는 바로 그러한 리더십이 부족했다. 그리고 그에게 이 중요한 리더십을 가르쳐줄 만한 지도자가 그의 옆에는 없었다.

같은 분야에 있지만 남자 매스스타트에서 최초의 올림픽 금메달리스트가 된 이승훈 선수는 서번트 리더십, 디지털 사고방식, 개념적 리더십을 가진 대한민국의 대표로 보였다. 감격의 금메달이 확정된 순간 그는 한참 후배인 정재원 선수를 챙겼고, 코치와 동료 덕분에 금메달을 받을 수 있다고 했고, 심지어 올림픽 자원봉사자들에게 영광을 돌리는 말을 했다. 그는 멀리 넓게 바라보는 사람이었다.

동아일보의 이경호 기자는 이승훈 선수의 리더십을 다음과 같이 소개했다.

최고의 리더십은 희생이다. 이승훈(30·대한항공)은 올림픽에서 온몸으로 리더가 무엇인지 보여줬다. (중략) (2018년 2월) 21일 강릉 스피드스케이팅 경기장에서 열린 2018평창동계올림픽 남자 팀추월 노르웨이와 결승에서 이승훈은 8바퀴 중 4바퀴를 맨 앞에서 끌었다. 체력의 한계가 절정에 달하는 마지막 두 바퀴도 이승훈이 선두를 책임졌다. 이승훈은 경기 후 "많은 분께 특히 자원봉사자분들에게도 특별한 감사를 전한다."고 말했다. 품격이 느껴지는 소감이다. "동생들에게 한없이 고맙다."라고도 했다. 같은 날 열린 뉴질랜드와 준결승에서도 이승훈은 가장 오랜 시간 맨 앞에 있었다. 마지막 대 역전에 성공한 순간에도 맨 앞자리는 이승훈의 역할이었다.[109]

개념적 리더십을 가진 자는 전체 그림을 볼 줄 아는 사람이다. 그리고 나눌 줄 알고 쉽게 흔들리지 않는 사람이다. 이승훈이 갖고 있었던 것은 서번트 리더십, 디지털 사고방식, 개념적 리더십이었고 김보람은 그것이 없어서 은메달이라는 엄청난 성과를 올리고도 국민의 외면과 질타를 받았다. 그런데 김보람만 그런가? 대한민국 많은 사람이 '개념적 리더십'이 부족하다. 큰 그림을 보지 못하고 작은 일에 지나치게 매달린다.

성경 속의 인물들을 보면 이집트를 떠나 광야로 나선 이스라엘 백성들은 개념적 리더십이 부족했다. 그들은 그날그날의 일상에만 관심이 있었고 '만나'가 날마다 공급됐음에도 '다양한 음식을 먹을 수 있었던' 노예 시절을 그리워하며 결국에는 하나님을 떠나 우상숭배를 했다.

하지만 그들의 지도자 모세는 중간에 실수도 있었지만, 하나님이 주신 개념적 리더십을 갖고 백성을 젖과 꿀이 흐르는 땅으로 인도하기를 멈추지 않았다. 개념적 리더는 완벽한 리더가 아니라 큰 그림을 갖고 그 큰 그림이 그리는 방향으로 나아가는 사람이다. 성경통독 전문가인 조병호 박사는 모세의 리더십에 대해 다음과 같이 소개한다. 조 박사는 개념적 리더십을 가진 자의 대표적인 행동을 모세를 통해 소개하고 있다.

(불세출의 리더 모세의 다섯 가지 리더십 덕목 중 하나는) '믿음'이다. 바로(파라오)에게 가라는 명령도, 홍해를 건너라는 명령도 기꺼이 순종했다. 홍해를 건너면 생존을 위한 물과 양식은 없고, 오히려 불뱀과 전갈이 있을 뿐이다.

(다음 덕목은) '교육'이다. 그는 가데스 바네아에서 20세 이하 청소년들을 40년간 교육하라는 하나님의 명령에 순종한다. 이는 결국 만나 세대의 탄생을 가능케 했다.

(다음 덕목은) '계승'이다. 하나님께서는 모세의 삶이 존귀했다고 평가하셨다. 바로 이 존귀를 모세는 여호수아에게 고스란히 계승한다. 하나님께서는 모세를 일컬어 '내 종 모세'라고 말씀하셨다. 쓰시기 가장 편한 사람이었던 것이다.[110]

개념적 리더십을 가진 자는 모세처럼 믿음이 있는 자이다. 믿음이 있어야 눈앞에 보이지 않는 것도 보게 된다. 개념적 리더십을 가진 자는 모세처럼 후대를 교육하는 자이다. 교육 역시 눈앞에 보이는 것이 없지만 믿음을 갖고 다음 세대를 가르치는 것이 되기 때문이다. 교육자가 '믿음'이 없이 지식만 가르친다면 그것은 '지식 장사'밖에 되지 않는다.

그리고 모세의 개념적 리더십은 계승이 하이라이트다. 자신이 가진 모든 것을 여호수아에 계승하면서 하나님의 계획이 이뤄지도록 이끌었다.

　이승훈 선수를 통해 그리고 성경의 위대한 지도자 모세를 통해 우리는 개
념적 리더십을 조금이나마 엿볼 수 있었다.

　넓고 크게 보는 눈을 갖는 것, 그것이 개념적 리더십이다. 제4차 산업혁명
시대에 꼭 필요한 리더십인 개념적 리더십은 모든 분야에 걸쳐 필요하다. 개
념적 리더십은 이 책의 결론 부분에서 더 상세히 다루게 된다

제4차 산업혁명 시대 리더
– 문화명령을 받은 사람

4차 산업혁명 시대에 인공지능(AI)이 사람을 대신하고 사람의 역할을 축소한다고 하더라도 새로운 시대는 여전히 사람 또는 인재가 중요하다. 어떤 사람이어야 하는가? 어떤 인재여야 하는가?

돈이 아닌 인간이 주체가 된 경영학을 만들어낸 현대 경영학의 아버지 피터 드러커는 경영에서 자본보다 중요한 것에 대해 집중한 바 있다. 바로 경영자의 가치, 도덕성, 성격, 지식, 이상, 책임, 자기통제, 사회통합, 팀워크, 공동체, 역량, 사회적 책임, 인생과 생활의 질을 중시함, 자기실현, 리더십, 존엄 등이다.[111]

드러커가 내놓은 경영자에게 필요한 덕목 리스트를 다시 한 번 읽어보라. 어떤가?

기독교의 정신과 가치, 그리고 건전한 기독교 세계관과 크게 차이가 나지 않는다. 경영학의 아버지 드러커가 거론한 내용이 기독교적 가치관과 매우 일치한다는 것을 우리는 간파할 필요가 있다. 온전한 기독교 정신, 건강한 가치, 건전한 세계관으로 세상으로 나아갈 때 그리스도인은 온전한 경영자, 더 나아가 제4차 산업혁명 시대(FIRE)의 리더가 될 수 있기 때문이다.

교회에서 잘 훈련 받은 리더는 세상에 나아가 하나님 나라를 일구는 데 자기 역할을 충분히 해낼 수 있다. (어떻게 잘 훈련 받을지는 이후의 장에서 구체적으로 나눈다.) 교회와 세상을 이분법적으로 분리하는 사고를 하는 그리스도인이라면 동의하지 않겠지만 종교개혁 당시에 주장되었던 개혁주의적인 세계관과 신학을 가진 사람들은 대부분 이에 동의할 것이다.

칼빈신학교의 조직신학 교수였던 후크마는 "인간은 농업, 원예, 가축 사역뿐만 아니라 과학, 기술, 예술도 발전시키려 노력해야 한다. 다시 말해 여기에는 종종 문화 명령이라고 일컬어지는 것, 즉 하나님을 영화롭게 하는 문화를 발전시키라는 명령이 나타난다. 이 말씀은 하나님이 인간에게 주신 복의 일부로 등장하지만, 그 복은 일종의 명령을 함축한다."고 설명했다.[112]

문화를 발전시키는 것은 하나님의 명령이다. 바로 문화명령이다. 후크마는 교회가 세상으로 나와 문화를 발전시켜야지 교회 안에 숨어서는 안 됨을 강조한다. 그는 "우리는 천연자원을 보존하고 그 자원을 최대한 선용하는 데 관심을 가져야 한다. 우리는 토양의 부식, 무분별한 삼림 파괴, 무책임한 에너지 사용, 강과 호수의 오염, 우리가 숨 쉬는 공기의 오염을 방지하는 일에 관심을 가져야 한다."고 덧붙였다.[113]

하나님이 창조하신 세상이기에 사람이 올바로 가꿔야 한다는 것이다. 자연과 문화는 하나님의 자녀들이 온전히 보살피고 보호하고 발전시켜야 한다는 전제하에 제4차 산업혁명 시대와 교육을 바라본다면 새로운 마음이 솟아날 것이다.

'개혁주의 성경신학의 아버지'로 불리는 게할더스 보스는 "과학의 영역, 예술의 영역, 가족 및 국가의 영역, 상업 및 산업의 영역이 있는데 이 영역이 하나님의 주권과 영광스러운 영향력 아래 들어올 때마다, 그 가운데 하나님의 영광이 나타날 때마다 우리는 진정으로 이 땅에서 하나님 나라가 도래했다고

말할 수 있다.”고 했다.[114]

하나님 나라가 이 땅에 도래하도록 쓰임 받는 일을 해내기 위해 그리스도 인이 올바른 가치, 도덕성, 성격, 지식, 이상, 책임, 자기 통제, 팀워크, 공동체 정신, 역량, 사회적 책임감 등을 갖는 것이 격려되는 신학적, 철학적 환경에 거하고 있고 건강한 코칭과 멘토링이 전제된다면 제4차 산업혁명 시대에 좋은 리더가 될 요건을 자연스럽게 갖추게 된다고 할 수 있다.

우리는 제4차 산업혁명이라는 커다란 변화를 겪고 있다. 지금은 혼란기라고 할 수 있다. 이런 혼란기에 교회 리더들이 교회를 잘 보살피려면 그리고 성도들을 사회의 리더로서 교육하려면 먼저 새로운 현실을 직시해야 한다.

교회는 문화명령을 마음에 품고 선교에 대한 관점을 새롭게 해야 한다.

선교는 성령을 받고 권능을 받아 하나님으로부터 보냄을 받은 자들이 교회와 가정, 우리가 사는 지역 사회와 국가, 전 세계로 나아가 복음을 증거하는 ‘하나님의 일’이다. 오랫동안 자국 선교를 ‘전도’로, 외국 선교를 ‘선교’로 정의했는데 이런 구분은 성경이 말하는 선교의 의미를 왜곡할 수 있다.

J.I. 패커, 싱클레어 퍼거슨, 데이비드 F. 라이트가 편찬한 「IVP 신학사전」에 따르면 교회 선교의 다섯 가지 주요 과업은 다음과 같다.[115] 이를 성경 해설과 함께 소개한다.

1. **교회의 선교란 창조의 물질적 자원을 청지기로서 관리하는 일에 관여하는 것이다.** 이것은 자연 보존과 오염 제거라는 많은 일에 관여함으로써 하나님이 창조하신 자연 질서를 지혜롭고 조화 있게 사용하도록 격려하는 것을 뜻한다.

(☞참고 성경구절 창세기 1장28절: “하나님이 그들에게 복을 주시며 하나님이 그들에게 이르시되 생육하고 번성하여 땅에 충만하라, 땅을 정복하라, 바다의 물고기와 하늘의 새와 땅에 움직이는 모든 생물을 다스리라 하시니라.” 인간에게 이러한 명령을 하신 것은 인간이 특권이 있으면서도 책임이 있음을 말하고 있다. 히브리적 생명에 대한

사랑과 신성시함은 인간의 의와 지구의 안녕이 연관되어 있음을 보여준다. 인간은 그러나 타락으로 인해 의가 아닌 죄로 이 땅을 다스리어 자연질서 파괴의 원인을 제공했다. by K. A. 매튜스, 창세기 1장28절 해설)[116]

2. **교회의 선교란 사람들을 차별 없이 섬기고, 사람들이 처한 궁핍이 어떤 것이든 그것을 도우려고 하는 것을 말한다.** 선교에는 난민을 돕고 가뭄과 기근으로 고통 받는 사람들을 도우며 개발 계획과 문맹 퇴치 운동, 건강, 교육, 주택 공급 프로그램을 세우는 일을 돕는 것과 같은 동정을 베푸는 업무가 따른다. 교회의 선교는 장애우와 노인, 사별한 사람, 위험에 처한 아이들과 긴장 관계에 있는 가정의 필요를 돌보며 범죄자들과 알코올 중독자, 마약 중독자, 습관성 도박꾼들을 사회에 복귀시키는 특별한 책임을 진다.

(☞ 참고 성경구절 마태복음 26장11절: "가난한 자들은 항상 너희와 함께 있거니와 나는 항상 함께 있지 아니하리라." 예수님은 마지막으로 기록된 가르침에서 도움이 필요한 자를 돕는 것의 중요성을 말씀하고 있다. 도움이 필요한 자에게 선행을 하는 것은 항상 가능하다고 말씀하신다. 도움이 필요한 자에 대해 도움을 주지 않고 그냥 지나치는 것에 대해 변명을 늘어놓을 수 없다. by 레온 모리스, 마태복음 26장11절 해설)[117]

3. **교회의 선교는 하나님의 공의가 사회에 시행되도록 하는 일에 관여해야 한다.** 특별히 교회는 손쉬운 이혼과 낙태, 임의적인 혹은 비정상적인 성관계, 포르노, 여성과 아동 착취, 태아에 대한 실험에 반대하여 가정의 고결함을 보호하고 증진하는 일에 적극적으로 가담해야 할 것이다. 교회 선교에서는 또한 집 없는 사람들과 교육을 받지 못한 사람들, 잘 먹지 못하는 사람들, 실업자들을 갈수록 더 만들어내는 정책에 대한 대안을 제시해야 할 것이다. 또한 인권을 위해 싸우고 인간 차별에 대항해야 할 것이다.

(☞참고 성경구절 마태복음 23장23절: "화 있을진저 외식하는 서기관들과 바리새인들이여 너희가 박하와 회향과 근채의 십일조는 드리되 율법의 더 중한 바 정의와 긍휼과 믿음은 버렸도다. 그러나 이것도 행하고 저것도 버리지 말아야 할지니라." 이 말

씀에 보면 긍휼과 신뢰가 있음이 의로움이다. 구약의 잠언에서 보면 의(義)는 공의 (righteousness, 히브리어로 쩨데크), 정의(justice, 히브리어로 미슈파트), 그리고 공정(equity, 히브리어로 메이샤림)이다. (잠언 1:3; 2:9) 이는 하나님을 경외하는 지혜에서 나오고(잠언 1:7; 2:5), 인애로 허물을 덮어주고 관용을 베풀어 사람 의 권리를 누리게 한다. (잠언 10:12; 13:17-19, 25; 21:21) 공의는 허물을 용 서하고 화목과 화평을 구하며 이웃과의 사귐에 힘쓰고, 비판하거나 정죄하지 않는다.)[118]

4. **교회의 선교에는 타락했고 고통 받는 가운데 절망하고 있는 세상 한가 운데서 화해시키는 해방된 공동체가 된다는 것이 실제로 의미하는 바를 보여 줄 책임이 따른다.** 교회는 용서를 실천하고 재화와 자원을 나누어 씀으로써 선입견과 의심을 제거한다. 지배와 통제가 아니라 종으로서 권세를 사용함으 로써 하나님의 값 없는 은혜의 현실을 증명하기 위해 보냄을 받은 것이다. 교 회는 하나님의 평화와 정의가 통치할 곳에 새로운 질서를 창조하려는 하나님 의 뜻을 실천하는 대행자이자 기호가 되어야 한다.

(☞ 참고 성경구절 고린도후서 5장18절: "모든 것이 하나님께로서 났으며 그가 그리 스도로 말미암아 우리를 자기와 화목하게 하시고 또 우리에게 화목하게 하는 직분을 주 셨으니…" '회복'은 관계의 변혁을 의미한다. 이는 이전에 좋았던 관계의 회복이 아니라 우호적 새 관계가 적대적 옛 관계를 대체하는 것을 말한다. '회복'은 인간과 하나님의 관계가 적대적인 관계에서 우호적 관계가 되는 것이고 인간과 인간의 적대적 관계가 우 호적으로 변혁을 이루는 것이다. 적대적인 관계는 죄로 인해 일어났다. 죄는 인간과 하 나님의 관계, 사람과 사람의 관계를 적대적으로 만들었다. 죄로부터 벗어나 칭의를 받 은 우리는 하나님과의 관계가 회복되었고 또 사람과의 관계도 회복하는 데로 나아가야 한다. by 머리 해리스, 고린도후서 5장18절 해설)[119]

지상명령과 문화명령을 동시에 받은 교회는 이러한 선교를 해야 한다. 이는 제4차 산업혁명 시대의 리더를 세우는 중요한 선교적 개념이기도 하다. 이러한 선교적 관점으로 제4차 산업혁명 시대를 맞이할 때 우리는 이 시대를 주님이 원하시는 방향으로 이끄는 리더가 될 수 있다. 우리는 '거듭남으로 인해' 자연스럽게 새로운 시대를 이끌 능력을 받은 자들이다. 그 능력을 발휘할 때가 드디어 도래했다.

피터 드러커는 '세상이 실제로 어떻게 돌아가고 있는가?'를 질문하면서 사람들을 돌보고 경영하기를 해야 한다고 말했다. 기독교인은 그렇게 할 사명을 부여받은 사람들이다. 드러커가 말하는 것은 많은 개혁주의자, 복음주의자들이 강조하는 것이기도 하다.

드러커는 혼란의 시기에 펀더멘털(fundamental)을 강조하면서 약은 짓만 일삼지 말고 양심적으로 행동하라고 일침을 가한다. 드러커는 인테그리티(integrity)를 경영인의 필수라고 거듭 강조한다.[120]

인테그리티는 '언행일치'로 해석할 수 있다.

예수님은 인테그리티 그 자체이신 분이었기에 예수 그리스도의 진정한 제자야말로 제4차 산업혁명 시대의 리더 또는 경영자가 될 수 있다고 하는 것은 무리한 주장이 아니다.

'과연 우리는 인테그리티를 중요시하는가?'라는 질문은 제4차 산업혁명을 준비하는 그리스도인이 답해야 할 무거운 주제로 다가온다.

제4차 산업혁명 시대 리더
- 예수 그리고 교회

　제4차 산업혁명 시대의 진정한 리더는 예수님을 닮은 자 또는 예수님의 진정한 제자라고 이전 장에서 나눴다. 그렇다면 예수 그리스도는 어떤 분인지를 아는 일은 제4차 산업혁명 시대에 매우 중요한 일이 아닐 수 없다. 먼저 예수 그리스도는 누구인지 살펴보기로 한다.

　예수는 히브리어 '여호수아'에 상응하는 이름이다. '예수'(코이네 그리스어) 또는 '여호수아'(히브리어)는 '여호와는 구원이시다'라는 의미이다. 이 이름은 창조주 하나님이 천사를 통해 요셉에게 알려주신 이름이다. 예수는 선택된 자기 백성을 반드시 구원하는 자로서 이 땅에 오시게 되었다. 그는 사람들을 죄로부터 구원하기 때문에 예수라고 불리었다.

　'그리스도'라고 불린 이유는 예수께서 기름 부음을 받았기 때문이다. 기름 부음을 받는다는 것은 특별한 의무를 잘 감당할 수 있도록 지혜와 능력을 주시는 성령과 연관이 되어 있다. 그리스도는 기름 부음을 받고 <u>선지자, 제사장, 왕직</u>을 온전히 수행했다. 그리고 오늘날 그의 제자들 또는 그를 닮아가는 자들은 그리스도처럼 선지자, 제사장, 왕처럼 자신의 임무를 수행하는 기대를 한몸에 받는다.

‘**선지자**’인 그리스도는 우리의 구원과 교육에 관한 하나님의 뜻을 전하는 역할을 맡는다. 선지자인 그리스도의 핵심적인 역할은 하나님의 메시지를 전하는 것이다. 그리스도는 복음을 설교하고 열두 사도들을 교육함으로 그 임무를 수행하셨다.

그리스도는 ‘**제사장**’으로서 하나님이 택한 자들을 대표한다. 그리고 제사장으로서 택함을 받은 주의 백성들의 죄에 대해 속죄하는 제사를 드린다.

그리스도는 또한 ‘**왕**’으로서 교회의 머리가 되신다. 그는 교회의 머리가 되시기에 (무형)교회는 영원히 보호받을 것이다. 그리스도는 왕으로서 그가 선택한 자들의 마음과 삶에서 나타난다. 그는 또한 왕으로서 선택받은 자를 보호하면서 동시에 악인들에게는 심판을 성취시키신다.

이것이 바로 ‘예수 그리스도’라는 이름의 의미이다.

예수 그리스도에 의해 선택된 자들도 보호를 받게 되고 동시에 그가 하신 일을 하게 된다. 예를 들어, 복음을 나누고, 제자훈련을 하고(또는 받고), 속죄의 예배를 드리고, 교회의 머리가 되신 예수 그리스도를 섬기게 된다.

그렇다면 누가 예수 그리스도의 선택을 받은 자인가? 대부분은 우리가 눈에 보이는 교회에 출석하는 자가 선택 받은 자라고 생각한다. 웨스트민스터 신앙고백에서는 교회를 둘로 나눠 설명하는데 하나는 유형 교회이고 다른 하나는 무형 교회이다. 결론부터 말하자면 무형 교회의 회원이 예수 그리스도의 선택을 받은 자이다.

유형 교회는 기독교인들이 출석하고 있는 교회, 즉 눈으로 보이는 그 교회를 말한다. 그리고 무형 교회는 예수 그리스도를 구주로 고백하는 사람들의 무형 집합체를 의미한다. 유형 교회에 출석하는 사람 중에는 예수 그리스도의 선택을 받은 자와 그렇지 않은 자가 섞여 있다. 누가 선택을 받았는지는 하나님만이 알 수 있는데 유형 교회에서는 ‘나는 예수 그리스도를 구주로 시인합니다’라고 말하는 자는 선택을 받은 것으로 여긴다. 그것은 정당하다. 하나님은 인간의 행위와 업적에 따라 선택하신 것이 아니라 창세 전에 미리 선택하셨기에 누가 선택을 받았는지는 정확히 알 수 없다. 그러나 예수 그리스도를 구주로 영접했다고 입술로 시인하고 마음으로 믿는다고 말하는 자를 무형 교회의 회원으로 여겨주는 것은 바람직한 일이다.

무형 교회의 일원이 됐다고 여겨지는 사람들은 그리스도 안에서 모두 하나로 여겨진다. 교단과 유형교회가 따로 예배를 드리고 따로 활동하는 등 나뉘어져 있지만 그리스도 안에서 모두 하나이며 무형교회의 머리이신 그리스도께서 우리에게 맡기신 사명을 온전히 감당하는 기대를 받게 된다. 무형 교회 회원은 그리스도를 머리로 삼기 때문에 그리스도와 교통하며 연합을 누리게 된다.

그리스도와 교통하며 연합을 누리는 자는 '선지자, 제사장, 왕 같은' 자로서 하나님의 두 가지 계명을 온전히 실천하게 된다. 그것은 바로 하나님을 사랑하고 이웃을 사랑하라는 계명이다. 이 두 가지 계명을 온전히 지키는 자는 다음과 같은 삶을 살기를 기대 받는다.

우리 자신과 다른 사람의 생명을 보존하기 위해 주의 깊은 연구와 합법적인 노력을 아끼지 않는다. 누구의 생명이든지 불법하게 빼앗아가려는 모든 사상과 목적에 대항하고 모든 격분을 억제하고 모든 기회와 시험과 습관을 피한다. 폭력에 대한 정당방위, 하나님의 징계를 조용한 마음과 즐거운 마음으로 참고 견디며 술과 약과 수면과 노동 및 오락을 절제 있게 하며, 자비로운 생각과 사랑과 인애와 온유와 우아함과 친절과 화평과 부드럽고 예의 있는 언행과 관용과 화해되기 쉬움과 상해의 관용 및 용서 또는 악을 선으로 갚음과 곤궁에 빠진 자들을 위로하고 구제함과 죄 없는 자를 보호하고 옹호한다(웨스트민스터 대요리문답 135문답).

사람과 사람 사이의 계약과 거래의 진실, 신실, 공의로움이나, 각 사람에게 당연히 줄 것을 준다. 바른 소유주에게서 불법 점유된 물건을 배상하며, 우리들의 능력과 다른 사람들의 필요에 따라 아낌없이 주며 빌린다. 이 세상 물건에 대한 우리의 판단, 의지, 애정의 절제가 필요하며, 우리의 생명 유지에 필요하고 편리하며 우리의 상태에 맞는 것들을 획득하여 보존하며 사용하고 처리하려는 주의 깊은 배려와 연구가 있어야 한다. 불필요한 소송과 보증 서는 일이나 기타 그와 같은 일을 피하고 우리들 자신의 것과 마찬가지로 다른 사람들의 부와 외형적 재산을 구하여 보존하고 증진하기 위해 공정하고 합법적인 모든 수단과 방법으로 노력한다(웨스트민스터 대요리문답 138문답).

사람과 사람 사이의 진실과 우리 이웃의 좋은 평판을 우리 자신의 것과 같이 보존하고 증진한다. 진실을 위하여 나서서 이를 옹호하고, 재판과 처벌의 문제에 있어서나 무슨 일에 있어서라도 마음속으로부터 성실하고 자유롭고 명백하며 충분하게 진실만을 말한다. 우리의 이웃을 관대하게 평가하고 이웃의 좋은 평판을 사랑하며 소원하고 기뻐하고 그들의 연약을 슬퍼하며 덜어주며 또한 그들의 재능과 미덕을 너그럽게 승인하고, 그들의 결백을 변호하고, 그들에 관한 좋은 소문을 쾌히 받아들이고 나쁜 소문을 시인하기를 즐겨지 않는다. 고자질하는 자와 아첨하는 자와 중상하는 자들을 낙망시키고, 우리 자신의 좋은 평판을 사랑하고 보호하여 필요할 때에는 이를 옹호하며 합법적인 약속을 지키고 무엇이든지 참되고 정직하고 사랑스럽고 좋은 평판이 있는 것을 연구하여 실천한다(웨스트민스터 대요리문답 144문답).

우리 자신이 가진 그대로 온전히 만족하고 우리의 이웃에 대하여 마음을 다해 인자한 태도를 가짐으로써 그에 대한 우리의 모든 내면적 동기와 애정이 그의 소유물 전체에까지 미쳐 잘 돌봐준다(웨스트민스터 대요리문답 147문답).

웨스트민스터 대요리문답의 일부를 통해 제4차 산업혁명 시대의 4가지 지능(C.E.I.P.)을 살펴보면 다음과 같이 정리할 수 있다. 위에 소개한 웨스트민스터 대요리문답은 십계명을 해설한 것이다. 십계명과 십계명을 해설한 웨스트민스터 대요리문답을 통해 4가지 지능을 살펴본다.

지(知-Intellect-상황맥락지능)

'우리 자신과 다른 사람의 생명을 보존하기 위해 주의 깊은 연구와 합법적인 노력을 아끼지 않'는 능력은 결국은 상황맥락지능을 향상시킬 수밖에 없다. 주의 깊은 연구는 다른 사람과 깊은 대화와 토론이 있어야만 가능하다. 하나님의 명령임을 직시하는 그리스도인이 제대로 된 대화와 토론을 할 수 있고 그러다 보면 상황맥락지능은 한없이 올라갈 수밖에 없다.

'관용과 화해되기 쉬움과 상해의 관용 및 용서 또는 악을 선으로 갚음과 곤궁에 빠진 자들을 위로하고 구제함과 죄 없는 자를 보호하고 옹호'하는 능력 역시 총체적인 지식을 갖도록 이끄는 역할을 한다. 관용, 화해, 용서, 곤궁에 빠진 자를 위로하는 것, 구제함, 죄 없는 자를 보호함 등 역시 총체적인 지식을 요구하게 된다. 하나님의 명령임을 인식한 그리스도인이, 그리스도를 머리로 모신 자만이 이 일을 제대로 실행에 옮길 수 있다.

정(情- Emotion-정서지능)

위에 소개된 웨스트민스터 대요리문답 내용은 모두 공감능력이 없으면 제대로 해낼 수 없는 것들이다. 공감능력이 없다면 '사람과 사람 사이의 진실과 우리 이웃의 좋은 평판을 우리 자신의 것과 같이 보존하고 증진'할 수 없으며, '우리의 이웃을 관대하게 평가하고 이웃의 좋은 평판을 사랑하며 소원하고 기뻐하고 그들의 연약을 슬퍼하며 덜어주며 또한 그들의 재능과 미덕을 너그럽게 승인하고, 그들의 결백을 변호하고, 그들에 관한 좋은 소문을 쾌히 받아들이고 나쁜 소문을 시인하기를 즐겨'할 수 없다. 십계명의 원리를 제대로 준수하는 그리스도인이 왕 같은 제사장으로서 '대제사장'의 명령을 받들어 온전한 공감능력을 보일 수 있다.

의(意-Volition-영감지능)

십계명의 명령은 우리에게 영감지능의 상향을 요구한다. 이웃과 공유하며 이웃을 돕는 마음을 갖는 것은 선지자, 제사장, 왕의 역할이다. 최후의 선지자, 대제사장, 왕 중의 왕이신 그리스도를 머리로 여기며 그의 명령에 따르려는 자는 이웃을 사랑하라는 명령을 간과할 수 없으며, 온전한 공감능력을 갖게 될 수밖에 없다. '이웃에 대해 마음을 다해 인자한 태도를 가짐으로써 그에 대한 우리의 모든 내면적 동기와 애정이 그의 소유물 전체에까지 미쳐 잘 돌봐'주는 마음이 생길 수밖에 없다.

체(體-Physical-신체지능)

신체지능이 뛰어난 사람은 압박감 속에서 평상심을 유지하는 능력이 있다고 했다. 평상심을 유지함에는 '자족'이 가장 중요한 키워드라고 할 수 있다. '우리 자신이 가진 그대로 온전히 만족한' 자는 어려움 속에서 평상심을 유지하는 능력이 있다. 십계명의 열 번째 계명은 '자족'이라는 특별한 가치에 근거하고 있다. 자족은 하나님의 선한 섭리 가운데 모든 것, 심지어 고난이나 부족한 것도 합력하여 우리가 그의 아들의 형상을 본받는 선을 이루는 것을 확신하는 데서 나오는 것이다. 자족하기 위해서는 하나님이 우리에게 주신 것에 대해 전적으로 만족해야 한다.

압박의 상황이 왔을 때 행복한가 아니면 불행한가 하는 것은 선택이다. 압박감을 느낄 때 우리의 생각이 우리를 행복하게 하기도 하고 불행하게도 한다. 압박을 느낄 때 머리이신 그리스도를 생각하면 우리는 평상심을 유지할 수 있다.

미국에서 가장 뛰어난 스포츠 지도자였던 존 우든은 압박감을 느끼는 상황에 대해 다음과 같이 묘사했다.

"농구 경기가 막판 숨 막히는 순간으로 가면 감독들은 의지할 곳이 없다. 선수들은 감독에게 의지하면 되지만 감독인 나는 그럴 때마다 십자가를 꼭 잡았다. 그리고 기도를 했다. 내 감정을 잘 컨트롤할 수 있게 해달라고. 그러면 마음의 평안이 찾아왔다."

십자가에 우리의 신체지능도 있음을 알 수 있는 대목이다.

제4차 산업혁명 시대(FIRE)의 교육
- 교회 교육 플랫폼

　필자는 2016년 지인들과 함께 굿뉴스 스프레더스(이하 GNS)라는 교육 전문 비영리 단체를 미국에서 설립했다. 미 연방정부 및 캘리포니아 주정부의 승인을 받은 GNS를 설립한 이유는 교육의 혁신을 위해서였다. 교육의 혁신은 학교 교육과 교회 교육 모두를 포함한다. GNS는 학교 교육과 교회 교육이라는 두 마리 토끼를 쫓았기에 근저에 있는 교육 철학은 같지만 언어와 커리큘럼은 '상황에 맞게'(contextually) 정했다.

　상황에 맞게 했다는 것은 기본은 바뀌지 않음을 의미한다. 여전히 교육 철학의 근본은 기독교 세계관을 기반으로 하고 있으며 제4차 산업혁명 시대에 필요한 인재를 세우기 위한 지, 정, 의, 체를 다루는 전인교육이었기에 기초 철학은 같다.

　이런 일을 할 때 상황화는 참으로 중요하다. 상황화는 현재 우리가 맞이하고 있거나 맞이할 시대를 파악하고 해석하는 일이다. 세계관은 바뀌지 않지만, 시대를 읽으며 그 세계관을 어떻게 바로 적용할 것인지가 상황화다.

　이런 배경을 갖고 시작한 GNS의 커리큘럼 개발은 지금도 진행형이다. 필자는 이 커리큘럼이 완성되고 같은 마음을 품은 사람들이 참여하고 배운 것

을 온전히 실천하면 제4차 산업혁명 시대의 리더가 세워지는 플랫폼이 갖춰
질 것이라는 신념을 갖게 되었다.

GNS는 일단 개혁주의 기독교 세계관을 갖고 세워졌다. 앞서 '세계관' 관
련 챕터에서 나눴던 것처럼 어떤 세계관을 갖고 있느냐에 따라 시대를 읽는
눈과 시대를 준비하는 철학이 달라진다.

'그렇다면 개혁주의 기독교 세계관은 무엇인가?'라는 질문이 나올 수밖에
없다. 세계관 때 다뤘던 4가지 질문에 답을 하면서 다음과 같은 사람이 되고,
다음과 같은 사람을 키우는 것이 개혁주의 기독교 세계관이다.

무수한(기독교계) 영웅은 하나님의 영광과 가족 및 이웃에 대한 보살핌을 염두에
두면서 자신에게 맡겨진 일에만 성실히 전념한다. 특히 개신교 종교개혁과 관련해서
내가 거론한 인물 중에는 유럽인이 많다. 그 이유는 세상 안에서 우리의 위치를 새롭
게 평가할 수 있는 통찰력을 크게 회복시켜 준 원동력이 바로 종교개혁이었기 때문이
다. 세상의 관점에서 보면 보잘것없는 각국의 수많은 사람도 이런 메시지 덕분에 하
나님 나라의 위대한 인물이 된다. 그런데 <u>기독교 세계관에 입각한 하나님 주권의 메
시지는 문화적인 이득도 많이 창출함으로써 모든 것 중에 가장 좋은 소식, 곧 경쟁을
통해 문화에서 얻은 가장 위대한 이익을 완전히 무색하게 하는 소식을 듣기에 더 알
맞은 세계를 만든다.</u>[121]

마이클 호튼이 쓴 이 내용을 간략하게 줄여 말하면 개혁주의 기독교 세계
관은 결국 하나님이 온 땅의 주권자이심을 인정하는 세계관을 갖고 있으면
결국 이러한 분야에 문화적인 이득을 많이 창출한다는 것이다. 즉 하나님의
주인된 권리는 교회 안에만 머무는 것이 아니라 교회 밖의 경제, 사회, 문화,
교육 등에도 이득을 준다고 할 수 있다. 그러한 세계관을 갖고 제4차 산업혁
명 시대를 해석하고 준비한 것이 GNS의 교회 교육 커리큘럼이다. 그리고 온

라인 플랫폼을 http://mygns.org/oc에, 오프라인 플랫폼을 수원의 거꾸로
교육도서관에 세웠다.

교회를 위한 교육 커리큘럼의 기반: 새 시대 리더를 위한 지, 정, 의

ㄱ) 지(知-Intellect-상황맥락지능)

필자는 우리의 '마음은 건강하고 건전한 교리로 보호를 받고 있어야 한다'
는 개럿의 말에 공감했다. 이에 따라 교리 교육 프로그램을 개발했다. 기독교
교리에서 개혁교리는 성경을 가장 완벽에 가깝게 잘 정리한 것으로 알려졌는
데, 이를 배운다는 것은 마음을 잘 지킨다는 것에 도움이 될 뿐만 아니라 논
리적인 사고를 갖는데도 큰 도움이 된다. 앞서 나눴던 웨스트민스터 대요리
문답은 개혁교리를 문답식으로 푼 것 중 훌륭한 걸작품이라고 할 수 있다.

개혁교리는 시스템적으로, 논리적으로 잘 정리되어 있기에 이를 배운다는
것은 인성과 논리체계가 질서정연해지는 건강한 결과를 초래하게 한다. 불운
하게 교리를 좋은 리더로부터 배우지 못하면 옹고집의 신자가 될 수 있지만,
좋은 선생님과 함께 잘 배우면 마음을 잘 지키는 자가 되고, 상황맥락지능이
향상되어 이 시대의 리더가 되는 초석을 쌓게 된다.

마음을 잘 지키는 자가 되면 기업, 정부, 시민사회, 종교, 학계의 리더들과
협력해 총체적 관점을 얻고 그들을 이끌 수 있다. 교리 체계와 교리 훈련이
불안정하면 마음이 건강할 수 없고 이는 다른 분야 사람들의 의견을 얻는 데
어려움을 준다. 또한, 자신만 옳다고 생각하는 외골수를 키워낼 수 있다.

<u>건전한 교리로 보호받는 자는 기초가 든든하기에 다양한 의견에 귀를 기울
이고 올바른 판단을 내릴 수 있어 상황맥락지능이 뛰어날 수밖에 없다.</u>

GNS는 따라서 웨스트민스터 대요리문답, 하이델베르크 요리문답, 도르트
신조, 제네바 요리문답 개혁교리 등을 온라인에서 배울 수 있도록 개발했다.
또한, 원하는 사람은 누구나 개혁주의 조직신학을 쉽게 배울 수 있도록 역시

온라인상의 프로그램을 개발했다. 많은 사람이 교리를 배운 사람들을 향해 그들은 '냉랭한 정통주의자'라고 비판하는데 실제 GNS에서 교리 교육을 하면서 그런 사람을 몇몇 보곤 했다. 하지만 GNS의 개혁교리 공부는 '낮아짐'을 늘 강조한다. 귀 있는 자는 듣고 그렇지 않은자는 외골수가 된다.

마이클 호튼은 '냉랭한 정통주의자'에 대해 "교리의 습성은 사랑과 겸손과 자비와 선한 행실과 참된 경배의 표현이 결여된 상태로 지적인 자료에 대한 집착으로 끝나 버린다."라고 경고한다.[122] 그러면서도 호튼은 우리가 하나님 아들의 형상을 본받게 하려고 예정되었음(로마서 8:29)을 교리교육을 통해 견고하게 배우게 되면 이웃에게 사랑과 자비를 베푸는 것이 의무나 두려움이나 얻게 될 칭찬 때문이 아니라 '그렇게 하는 것이 예정되었기 때문'임을 알게 된다.[123] 즉, 그렇게 할 운명을 안고 태어난 것이다. 그러한 기독교 세계관을 갖게 되는 것은 축복 중의 축복이다!

그렇게 견고하게 훈련받은 그리스도인은 상황을 인지하는 능력이 뛰어날 수밖에 없고 다른 사람의 견해를 듣는 것에 유연성을 보이게 된다. 즉 이런 훈련을 받은 사람은 독단적으로 결정하지 않고 네트워크를 통해 다양한 의견을 접하는 넉넉한 마음이 있고 현재 처한 상황에 민감할 수밖에 없다.

의무감으로 선한 일을 하는 사람과 하나님이 주신 '복된 운명'이라고 생각하고 선한 일을 하는 사람은 근본적으로 그 열매가 다를 수밖에 없다. GNS는 교리학습을 좀 더 많은 사람에게 체계적으로 전달하기 위해 웨스트민스터 신대원과 상호협력을 위한 양해각서(MOU)를 체결해 평신도를 위한 교리교육 학과를 개설할 예정이다. 상세한 커리큘럼은 이 책의 후반부에 소개되어 있다.

ㄴ) 정(情-Emotion-정서지능)

희로애락(기쁨, 근심, 슬픔, 즐거움), 두려움, 슬픔, 애통함, 경외감, 갈망, 열정, 갈급함 등을 경험한다는 것은 사람들과 어울릴 때만 가능하다. 물론 홀로 있을 때도 이런 감정이 나타날 수 있지만, 이웃과 어울릴 때 이런 감정이 더 강렬하게 우리 안에 다가온다. 이러한 감정이 회복의 과정을 거치려면 건강한 공동체 안에서 계속되는 나눔의 훈련이 필요한데, GNS는 거의 모든 교육 프로그램을 시공간을 초월해 나눔을 하며 감정을 소통할 수 있도록 디자인했다.

온라인상에서 화상채팅으로 토론하고 카카오톡과 밴드를 통해 음성과 문자로 소통하게 함으로써 다양한 분야와 지역에 있는 사람들과 협력을 할 수 있도록 했고, 그 시스템 안에는 계층을 없앴다. 전체를 이끌어가는 인도자나 멘토가 상위에 있는 것이 아니라 모두가 수평하고 서로에게 배우는 시스템임을 멘토링 프로그램을 통해 교육함으로써 구조를 수평화하게 되었다. 만약 '완장을 찬 듯한' 행동을 하는 사람은 리더십 자리에 오르는 것이 힘들도록 시스템이 고안되었다. 수평적 구조는 창의적 아이디어를 격려하는 환경으로 이끌 수 있었다.

수동적인 배움이 아니라 능동적으로 참여해서 함께 만들어가는 교육이 되었던 것이다. 정서지능이 뛰어난 자는 훈련을 통해 인지한 것과 감정을 정리해 협력 관계로 이끄는 능력이 뛰어나 조직의 창의력이 전반적으로 향상되는 결과를 낳게 되었다.

ㄷ) 의(意-Volition-영감지능)

GNS는 머리로 배우는 것과 감정으로 공유하는 것에 그치지 않고 '소외된 자'를 섬김에 대한 '목적'을 늘 강조한다. 이 시대에 소외된 자가 누구인가 강조하면서 종교의 자유가 없는 모 국가의 사람들에게 한국어와 영어를 온라인상에서 가르칠 수 있도록 프로그램을 개발했고, 또한 한국에 있는 외국인들의 애로사항을 들어주고 이를 온라인상에서 해결해주는 Korean Mentors도 개발했다. 경기도 수원에는 거꾸로교육도서관을 개설해 다문화권이나 외국인들이 교육 서비스를 받도록 했다.

진정한 리더의 완성은 의지적으로 결단하고 손발이 움직일 때 되는데 이 방식들은 기존 선교사들처럼 자신이 하던 일과 있던 자리를 모두 포기하는 게 아닌, 하던 일을 하면서 돕고 교육할 수 있는 새 시대의 방식으로 이끌어 더 많은 사람을 동참으로 이끌었다.

증강세계, 디지털 세계는 이 모든 것을 가능하게 했다. 이렇게 소외된 이웃을 섬기는 의지적인 결단으로 이끌면서 GNS의 멘토들은 공공의 이익을 위해 함께 탐구하고 발전시키며 공유하는 능력이 생성되었고, 구성원 상호간의 신뢰를 이끌어내는 리더로 성장했다. GNS는 삼위일체 영성을 갖는 기독교 세계관적인 훈련을 진행했는데 이는 지금도 진행형이다.

세계적인 신학자 정성욱 박사는 삼위일체 영성을 가진 자에 대해 다음과 같이 설명한다. "(삼위일체 영성을 가진 자가) 서로를 사랑한다는 것은 사랑의 이름으로 타인을 착취하거나 이용하는 삶이 아니라는 것입니다. <u>서로를 참되게 사랑하는 관계는 타인에게 종노릇하고, 타인을 섬기고, 타인을 위하여 자신을 내어주고, 희생하는 아가페적인 디아코니아의 관계입니다.</u>"[124]

디아코니아는 섬김과 봉사라는 의미의 헬라어다. 서로에게 종노릇하고 타인을 섬기고 타인을 위해 자신을 내어주는 자의 영감지능은 크게 높아진다.

한 가지 중요한 것은 이러한 지, 정, 의 시스템을 GNS가 독점적으로 개발하고 GNS 플랫폼으로 사람들이 모이게 하는 게 아니라 각 교회와 단체와 개인에 이런 시스템을 무상으로 제공하고 시스템을 운영할 수 있도록 무상으로 훈련을 시켜준다는 것이다. 퍼주는 개념이다. 이는 진정한 공유의 플랫폼 개념이다. 좋은 가치를 나누고 다른 플랫폼이 설 수 있도록 도움으로써 함께 성장하는 개념이다.

물론 아무나 막 퍼주지는 않는다. 건전한 세계관을 갖고 제4차 산업혁명 시대를 건전한 세계관으로 해석하고 새 시대에 맞는 리더를 양육하고 세우는 데 관심이 있고, 공유하고자 하는 개념이 있는 개인과 단체에 플랫폼을 나누고 새 플랫폼을 세우도록 돕는다.

이러한 시스템을 구축한 이유는 온라인과 오프라인 플랫폼에서 훈련받는 분들이 기업, 정부, 시민사회, 종교, 학계의 리더들이 함께 협력해 총체적 관점을 얻고(상황맥락지능), 다양한 분야의 협력을 제도화하고 계층구조를 수평화하여 창의적 아이디어를 격려하는 환경으로 이끌고(정서지능), 공공의 이익을 위해 함께 탐구하고 발전시켜 공유하는(영감지능) 리더로서 성장하도록 돕기 위해서다. 그것이 시대를 품고 시대를 위해 희생하고 시대를 이끌어가는 자들이 하나님께 영광을 돌리는 시스템이라고 필자는 믿는다.

관심 있는 자들이 함께 성장하고 부족함을 함께 채우고 모든 것을 함께 공유하는 시스템을 원하는 것이다. 이런 플랫폼이 온전히 펼쳐지면 독점이란 개념은 사라지고, 중앙 통제는 없고, 독선과 독재의 마인드를 가진 사람은 이 시스템 안에서 살아남을 수 없게 된다.

이러한 플랫폼은 블록체인 혁명의 시대에 걸맞은 것이라고 필자는 믿는다.

제4차 산업혁명 시대의 교육
- 기독교 대안교육

필자는 2017년 거꾸로미디어 연구소라는 비영리 법인을 한국에서 설립했다. 거꾸로미디어 연구소를 설립한 이유는 학교 교육의 혁신을 위해서였다. 미국의 비영리법인 GNS가 교회 중심의 교육에 관심을 더 둔다면 한국 내 비영리법인 거꾸로미디어 연구소는 학교 교육의 혁신에 더 집중한다. 물론 GNS와 거꾸로미디어 연구소는 개혁주의 기독교 세계관을 갖고 제4차 산업혁명 시대를 건전하게 해석하며 교회와 학교를 동시에 섬기지만, 그 집중하는 포인트가 서로 조금 다른 것이다.

학교 교육을 위한 교육 철학도 역시 그 근본은 개혁주의 기독교 세계관에서 출발한다. 학교가 제대로 서는 것도 하나님이 기뻐하시는 일이라는 세계관을 바탕으로 교육의 일에 참여하게 되었다. 제4차 산업혁명 시대를 해석하는 교육, 제4차 산업혁명 시대에 필요한 인재를 키우는 교육이 개혁주의 기독교 세계관에서 나오게 되었고 그 핵심은 역시 지, 정, 의였다.

개혁주의 기독교 세계관을 품고 다가오는 시대를 예측하며 교육계에서의 상황화를 시도했다. 상황화(contextualization)는 교회가 세상을 등지고 수도원으로 들어가지 않는 이상 피할 수 없는 일이다. 기독교 세계관을 포스트모던의 상황에 맞게 잘 정리한 알버트 월터스와 마이클 고힌은 "상황화라는 것은 교회가 세상에 몸담는 한 도무지 피할 수 없는 과제"라고 못 박으면서 그렇기 때문에 기독교 세계관이 흔들리지 않아야 함을 강조했다.

과거에 상황화라는 과정을 겪으면서 많은 기독교인이 성경의 메시지의 바른 전달과 성경적 세계관 정립에서 시행착오를 겪었다. 그렇기에 학교 교육을 위한 커리큘럼 개발은 철저한 성경적 세계관 하에 이뤄져야 함을 되새기고 되새겨야 한다.

앞서 세계관을 다룰 때 우리는 4가지 질문을 던진다고 했다. '나는 누구인가?', '나는 어디에 있는가?', '무엇이 문제인가?', '해결방안은 무엇인가?' 등에 대해 답을 할 수 있어야 하는데 건전한 기독교 세계관에서는 이 질문에 대해 '나는 하나님의 피조물이다', '나는 하나님이 창조한 세계에 살고 있다', '나는 아담의 원죄로 인해 창조주와 연결될 수 없는 상황에 부닥치게 되어 문제를 안고 살게 되었다', '창조주와 연결하는 유일한 길은 예수 그리스도를 통해서다'라고 답을 한다.

세계관적 질문에 명확하게 답을 하기 위해 가장 필요로 하는 교육은 앞서 여러 차례 설명했던 것처럼 교리교육이다. 교리는 끊임없이 그리고 집요하게 하나님이 어떤 분인지를 설명하고 있으며, 인간의 죄가 무엇이고 그 해결방안이 무엇인지를 체계적이면서 반복적으로 가르치고 있기 때문이다. 교리는 그저 논리적인 훈련에 그치는 게 아니라 '신비'로운 일을 인간의 언어로 가장 체계적으로 설명했다고 할 수 있다.

마이클 호튼은 노벨 의학상 수상자이자 두뇌 연구의 선두 주자인 에클리스 경의 말을 다음과 같이 인용한다.

"과학은 우리 각각의 존재를 하나의 독특한 자아로 설명할 수 없으며, '나는 누구인가?, '내가 왜 여기에 있는가?', '내가 어떻게 특정한 시공간에 존재하게 되었는가?', '사후에는 어떤 일이 발생하는 가?' 등과 같은 근본적인 질문들에도 대답할 수 없다. 이런 물음들은 모두 과학을 초월하는 신비다."

그 '신비'를 인간의 언어로써 가장 체계적으로 정리한 것이 교리이고 특별히 GNS와 거꾸로미디어 연구소는 개혁교리를 교육의 바탕으로 두고 있다.

거꾸로미디어 연구소의 커리큘럼 개발은 현재 진행형인데 이 커리큘럼의 완성을 위해 끊임없는 교리 교육 연구와 세계관 연구를 진행 중이다. 이것이 절묘하게 상황화된다면 성경적 세계관을 가진 제4차 산업혁명 시대의 리더가 세워질 것이라는 조심스럽지만 긍정적으로 전망하게 된다. 어떤 교육 철학으로 어떤 기독교 대안교육 커리큘럼을 준비해왔는지 소개한다.

ㄱ) 지(知-Intellect-상황맥락지능)

기독교 대안교육에서 교리교육이 중요하지만 만약 기독교 교리를 직접 가르칠 수 없는 환경이라면 피터 드러커의 경영이론을 남녀노소 할 것이 없이 보편적으로 가르칠 수 있다. 피터 드러커는 가치관, 도덕성, 성격, 지식, 이상, 책임, 자기통제, 사회통합, 팀워크, 공동체, 역량, 사회적 책임, 인생과 생활의 질을 중시함, 자기실현, 리더십, 존엄 등을 중요시하고 이는 이 사회 리더가 반드시 배워야 하는 덕목들이다.

드러커는 이런 덕목의 중요성을 이야기하면서 펀더멘털을 강조한다. 그는 말한다.

"약삭빠르게 굴지 말고 양심적으로 행동하라."

드러커는 인테그리티(integrity)를 리더들의 필수로 말한다.

이는 기독교적인 언어를 사용하지 않고 기독교적 세계관과 가치로 가르칠 수 있는 중요한 도구가 된다. 하나님은 때로는 기독교적인 언어를 사용하지 않는 곳에도 영감을 주신다. 또한, 비기독교인들에게도 영감을 주신다. 그들에게 주신 영감과 내용을 기독교 세계관의 관점으로 찾아내고 이를 보편적인 언어로 가르칠 수 있다면 이는 굉장한 일이 아닐 수 없다.

이를 위해 각계각층의 리더들과 연합하여 커리큘럼을 개발할 필요가 있다. 비기독교적인 컨텐츠를 통해서도 하나님의 가치를 구현하는 커리큘럼을 개발하는 것이다.

ㄴ) 정(情-Emotion-정서지능)

학교의 상황에서 희로애락(기쁨, 근심, 슬픔, 즐거움), 두려움, 슬픔, 애통함, 경외감, 갈망, 열정, 갈급함 등을 경험하도록 차용한 것은 거꾸로 교육이다. 거꾸로 교육은 학급에서 가르칠 내용을 미리 사람들과 어울릴 때만 가능하다.

필자는 두 환경에서 거꾸로 교육을 한 경험이 있다. 2017년 봄학기에 용인 소재 웨스트민스터 신학대학원 재활복지학과(세계관과 일)와 온마을학교(인천 힐링센터 주관)에서 거꾸로 교실 시스템을 강의 및 프로그램에 적용했다. 웨스트민스터 신대원에서는 외국인 유학생을 대상으로, 인천힐링센터에서 주관하는 온마을 학교에서는 초등 2학년-5학년의 한국 어린이를 대상으로 진행했다. 어떻게 진행되었는지 간략하게 소개한다.

웨스트민스터 신학대학원(용인)의 예

일단 컨텐츠는 기독교 세계관이었다. 그리고 새로운 시대를 해석하면서 필요한 새로운 리더십을 나눴다. 이를 잘 전달하고자 사용한 툴은 거꾸로 교육이었다. 거꾸로 교육은 여러 정의가 있는데 필자는 '교육자가 가르치기를 포기하고 퍼실러테이터가 되고자 하는 것'이라고 나름 정의한다. 기존 교육은 교육자가 강단에서 일방적으로 가르치는 방식인데 이를 '거꾸로' 생각해서 가르치지 않고 조율자로 태도를 바꾸는 일을 거꾸로 교육으로 본 것이다.

필자는 거꾸로 교육을 위해 교실에서 스마트폰과 온라인 플랫폼을 최대한 활용했다. 온라인 플랫폼을 통해 다가오는 주에 다룰 내용을 영상으로 미리 촬영해 올려놓고 수업을 준비하도록 한 것이다. 그리고 스마트폰을 최대한 활용했다. 교실은 스마트폰을 꺼야하는 장소라는 생각을 뒤집고 오히려 이를 교육과 커뮤니케이션의 툴로 삼았다. 그리고 모둠 활동을 최대한 격려했다. '증강세계의 교실'을 도모한 것이다. 그동안 매주 봤으면서도 서먹한 관계였던 학생들은 이러한 증강세계의 교실을 통해 관계가 돈독해졌다고 고백했다.

예를 들어, 주 교과서 중의 하나인 「일의 기술」(제프 고인스 저. 아마존 베스트셀러)을 읽고 책에 나오는 인물(ex. 스티브 잡스 등)들이 본인인 것처럼 생각하고 토론에 참여하게 하거나, 책 속의 인물들이 본인인 것처럼 연기하면서 드라마나 토크쇼를 촬영한 동영상을 단톡방에 올려 학우들이 함께 보게 하거나, 토론 결과를 소그룹 대표자가 발표하게 해 발표자도 학생들도 신선한 배움의 경험을 하게 했다.

또한, 중간고사와 기말고사의 시험 문제를 학생들이 직접 만들어서 학급 전원이 공유하며 교과서를 단순히 지식 습득이 아니라 좀 더 깊이 볼 수 있게 했다. 5분 강의 동영상 보기와 과제는 바쁜 학생들이 대중교통을 이용하는 중에도 할 수 있도록 온라인으로 제작해 언제 어디서든 강의 컨텐츠에 접속할 수 있게 했다.

이런 활동을 통해 지식의 습득은 물론이고 감성의 자극으로 반응을 이끌어낼 수 있었다. 학생들은 교수에게서만 배우는 게 아니라 학생들 상호 간의 배움을 경험했다. <u>책의 저자는 문자 속에 갇혀 있지만, 활자를 책 밖으로 끄집어내어 학생들이 직접 움직이면서 배우기 때문에 마치 저자가 직접 와서 강의하는 것 같은 느낌을 줬고 이를 통해 희로애락(기쁨, 근심, 슬픔, 즐거움), 두려움, 슬픔, 애통함, 경외감, 갈망, 열정, 갈급함이 경험되었다. 이것이 일종의 증강세계의 교실이다.</u>

다시 거론하지만, 대부분의 숙제는 전체 단톡방에 올려(외국 유학생들 대부분 카톡 사용) 공유하게 함으로써 '또래 배움'의 효과를 증진했다. 한 외국인

학생은 "이 방식은 너무 좋습니다. 배우는 모든 게 살아 있는 지식으로 여겨지고 또 학생들이 서로 배우게 되면서 교제의 폭도 넓어졌습니다."라고 소감을 말했다.

온마을 학교(인천)의 예

초등학생 2-5학년을 대상으로 한 온마을 학교는 인천힐링센터와 거꾸로미디어 연구소가 공동으로 진행했다. 필자는 온마을 학교를 위해 기획 및 미디어 분야에서 협력했다. 온마을 학교도 기독교 세계관이 기본 바탕이었다. 하나님이 주권자이시며 하나님은 교회 밖에서도 주권자이시며 그 주권자를 마음에 둔 사람이 교회 밖에서 일하면 문화에 혜택을 준다는 세계관을 바탕으로 이 프로그램을 인천힐링센터와 함께 디자인했다.

제4차 산업혁명 시대에 필요한 인재는 누구인가? 상황맥락지능, 정서지능, 영감지능, 신체지능이 발달된 사람이다. 즉 지, 정, 의, 체가 발달된 사람이다. 인천힐링센터에서 오프라인 수업을 받은 아이들은 지, 정, 의, 체에 집중한 교육을 받고 이는 온라인에도 이어지게 했다. 즉 증강세계에서 교육이 이뤄졌다.

일주일에 수업이 한 번(수요일) 있었는데 수업이 끝나면 부모님과 함께 할 영상 숙제를 교사가 영상으로 촬영해서 단톡방에 올리도록 했다. 영상으로 숙제를 받은 부모님이 아이들과 함께 영상 숙제를 해서 단톡방에 올리면 다른 부모님들도 함께 숙제를 보게 되어 다른 아이들에 대한 관심이 높아졌다. 상황맥락지능, 정서지능, 영감지능이 강화되는 대목이다.

대통령 선거가 열렸을 즈음에는 '내가 대통령이라면'이란 제목으로 '나만의 공약'을 기획하게 해서 디지털 포스터를 부모, 학생, 교사가 함께 만들어 페이스북에 전시했고 또한 자신의 포스터를 학생들이 급우들 앞에서 발표하는 시간을 가졌다.

또 다른 숙제는 아빠(또는 엄마)와 자녀가 3분 동안 눈을 맞추고 3분 동안 아무 말도 하지 않고 서로의 눈을 보며 지난 좋은 추억을 생각하게 하는 것이었다. 3분 후에 그 소감을 인터뷰해서 엄마(또는 아빠)가 동영상을 촬영해서 올리게 했다.

어떤 특수한 분야에 강점이 있는 아이는 그 분야에 대해 급우들을 대상으로 18분간 강의하는 일종의 '어린이 TED'도 진행했다. 예를 들어, 학생 중 한 명인 OO군이 '달고나 쇼'를 진행하면서 화학 강의를 해서 호응을 얻었다. 또 이 '달고나 쇼'를 페이스북 라이브로 공개해 직장에 계신 아버지들과 그 동료들이 함께 볼 수 있도록 했다. 이 페이스북 라이브는 남아공에 있는 필자의 페이스북 친구도 실시간으로 볼 수 있었다.

한국 어린이들은 급우들 앞에서 발표하는 것에 익숙지 않아 처음에는 몸을 비비 꼬거나 당황해서 말을 못 하는 경우가 많은데 온마을 학교의 스태프들은 계속 발표의 기회를 줘서 아이들이 발표 및 의견을 말하는 능력을 키우는 데 힘을 쏟았다. 학교가 진행하는 중에 한 아이가 이런 말을 했다. "온마을 학교에 평생 오고 싶어요~~" 이 아이는 처음에는 어색해하고 말도 잘 하지 않으려는 친구였다.

이처럼 거꾸로 교육의 수평적 구조는 창의적 아이디어를 격려하는 환경으로 이끌 수 있다. 수동적인 배움이 아니라 능동적으로 참여해서 함께 만들어 가는 교육이 될 수 있다. 훈련을 통해 정서지능이 뛰어난 자는 인지한 것과 감정을 정리해 협력 관계로 이끄는 능력이 뛰어나게 돼 조직의 창의력이 전반적으로 향상되는 결과를 낳게 될 수 있다.

ㄷ) 의(意-Volition-영감지능)

머리로 배우는 것과 감정으로 공유하는 것에 그치지 않고 '소외된 자'를 섬김에 대한 '목적'을 늘 강조하는 것이 중요하다. 위에서 소개한 두 프로그램은 늘 소외된 사람들이 강조됐다. 당장 학급 내에서 잘 따라오지 않는 학생들을 어떻게 도울 것인가가 연구되었다. 예를 들어, 웨스트민스터 신대원에서 진행된 과목(영어 강의였음)에서 한 학생이 영어가 부진해 소그룹 모임의 참여가 어려울 때, 비슷한 어려움이 있는 다른 학생들을 한 그룹으로 묶어 교수가 직접 그 그룹을 인도하는 방식을 도입했는데 이는 소외된 자를 참여시키는 '의지' 교육과 연관된 시도였다.

또한, 온마을 학교에서는 한시도 가만히 있지 않은 아이가 있었는데 그 아이는 교사뿐만 아니라 학생들이 계속 격려하고 도와주고 인도를 해주도록 해 과정을 무사히 마칠 수 있도록 했고 해당 학생들에게 충분한 칭찬과 격려를 하여 그것이 얼마나 중요한 일이고 과정이었는지를 인지하게 했다. 의지적인 결단으로 이끌릴 때 구성원 상호 간의 신뢰를 이끌어내는 리더로 성장하는 분위기가 형성되었다.

온마을 학교 프로젝트는 '제4차 산업혁명 시대(FIRE)의 교육 커리큘럼(2) - 방과 후 교육'에서 상세히 다룬다.

제4차 산업혁명 시대의 교육
- 세인트존스대와 올린공대

제4차 산업혁명 시대의 리더를 키워내고자 하는 교육자들에게 좋은 모델이 되는 학교를 추천하라고 한다면 필자는 미국의 세인트존스칼리지와 올린공대를 소개한다. 두 학교를 추천하는 이유는 이 두 대학의 교육 과정을 보면 제4차 산업혁명 시대의 리더들에게 필요한 4가지 지능(C.E.I.P.)이 충분히 키워지는 학교이기 때문이다.

세인트존스 칼리지(St. John's College)

세인트존스 칼리지는 4년 동안 고전 100권을 읽고 모든 수업을 토론으로 진행하고 시험이 없는 학교다. 이 대학은 KBS 프로그램인 '명견만리'에 소개되어 한국에서도 화제가 된 바 있다. 최재천 이화여대 에코과학부 교수는 이 대학에 대해 다음과 같이 소개한다. "공부는 본래 스스로 하는 것이다. 미래 학자들의 예측에 따르면 지금 청년 세대는 평생 직종을 적어도 대여섯 차례나 바꾸며 살 것이란다. 요행으로 첫 직장의 문만 열 수 있는 '맞춤 열쇠' 한 개가 아니라, 평생 맞닥뜨릴 다양한 직업의 자물쇠를 열 수 있는 '마스터키'가 필요하다. 세인트존스 학생들은 자신만의 마스터키를 깎고 있다."[127]

마스터키를 가지고 있다는 것은 이 세상이 그동안 어떤 방식으로 진행됐고 어떻게 진행되고 있는지를 책과 토론을 통해 배우는 과정에 있다는 말이다. 즉 독서와 토론을 통해 시대를 보는 눈, 시대를 해석하는 눈을 키워주는 것이다. 비록 기독교 세계관 하에 이런 프로그램이 만들어졌는지는 확인되지 않았지만 적어도 건전한 세계관으로 만들어졌을 가능성이 크고 세계관 다음으로 중요한 시대를 읽는 눈을 키워주는 부분이 인상적인 학교다.

시대가 어떻게 흘러 왔는지는 고전을 공부함으로써 배울 수 있다. 앞서 거론한 것처럼 이 학교 교육의 핵심은 제4차 산업혁명 시대의 4가지 지능과 밀접한 연관성이 있다.

ㄱ) 지(知-Intellect-상황맥락지능)

고전 100권을 읽고 공부하기란 쉽지 않다. 학생들은 고전에 대해 모르는 것 투성이라고 한다. 그러니 강의가 아닌 토론이 더 좋은 배움을 줄 것으로 학교 관계자들은 생각했다. 토론하며 공유하면 다른 사람의 해석을 받아들이게 된다. 혼자 책을 해석할 때보다 배움이 풍부해진다. 상황맥락지능이 높아질 수밖에 없다.

ㄴ) 정(情-Emotion-정서지능)

이 학교에서는 교수를 튜터(tutor)라고 부른다. 그리고 튜터는 자신의 전문 분야가 아닌 과목을 진행할 때도 있다고 한다. 이는 정보의 수평화와 창의성으로 이끌게 된다. 듣는 능력과 소통 능력을 향상시키게 된다. 그리고 이것은 자연스럽게 공감능력으로 이어진다.

ㄷ) 의(意-Volition-영감지능)

고전을 배움으로써 세상이 어떻게 형성되었는지를 배우고, 미래에 어떻게 세상에 도움이 되는 사람이 될지를 고민한다. 단순히 과거에 대해 배우는 게 아니라 현재와 미래에 이를 어떻게 적용하고 그 내용을 공유하는지를 자연스럽게 배우게 된다. 세인트존스 칼리지를 졸업했고 「세인트존스의 고전 100권 공부법」이라는 책을 쓴 조한별 씨는 이 학교에서 어떤 혜택을 누렸는지를 다음과 같이 설명한다. "정말 좋은 수업에서는 토론하는 내내 새로운 깨달음과 배움으로 마치 뇌 속의 전구에 불이 1초 간격으로 빤짝빤짝 들어오는 듯한 느낌을 느끼기도 했다. 다른 어떤 것과도 바꾸고 싶지 않은 배움의 경험이다."[128]

조한별 씨는 또 다음과 같이 세인트존스에서의 경험을 나눈다. "세인트존스에 처음 가면 학생들은 소통의 매너를 익히느라 많은 시간을 보낸다. (중략) 튜터들이 지적하는 학생들의 문제점 중 거의 대부분이 수업에서의 매너에 대한 것이다. '말이 너무 많다(다른 의견을 들어라)', '말이 너무 적다(네 의견을 표현해라)', '다른 사람의 말을 끊지 마라(다른 사람을 배려해라)' 등이다. 여기서 핵심은 다른 이들을, 다른 의견들을 열린 마음으로 존중하라는 것, 그것 하나다."[129]

고전을 토론함으로써 얻게 되는 총체적 지식, 공감능력, 공유능력은 단순한 공부뿐만 아니라 공부를 하는 방식을 통해서 높아질 수밖에 없다. 한국에 이런 리더를 세우는 교육 시스템이 심어질 수 있을까?

올린공대(Olin College)

올린공대는 2002년 미국 매사추세츠주에 문을 연 학교로 신입생은 매년 80-90명에 불과하며 전교생도 350명의 아주 작은 학교다. 전임교수의 수도 40명밖에 되지 않는다. 이 학교는 그러나 2018년 미국대학평가 엔지니어링 부문 3위에 올랐고 마이크로소프트사에서 올린공대 졸업생 10-20%를 직접 리크루트하면서 화제의 중심에 선 바 있다.

올린공대 역시 우리가 말하는 제4차 산업혁명 시대에 필요한 4가지 지능 (C.E.I.P.)을 극대화하는 학교인데 그 세부 내용은 다음과 같다.

ㄱ) 지(知-Intellect-상황맥락지능)

이 학교는 학점 없는 '파일럿수업'을 진행한다. 과목을 만들 때 학생들도 의견을 개진한다고 한다. '역사의 물건'이라는 파일럿수업을 했을 때 재료공학 교수와 역사학 교수가 함께 진행했고 학생들 아이디어를 적극 반영했다. 또한, 학습목표와 과정을 함께 디자인한다. 과목을 정하는 데부터 총체적인 지식을 얻는 것에 열려 있기에 그 수업은 두말할 것 없이 상황맥락지능을 중요시하는 수업이 된다.

ㄴ) 정(情-Emotion-정서지능)

대부분 과정은 팀 프로젝트를 통해 진행된다. 따라서 협력, 수평화, 창의성으로 자연스럽게 이끌려지게 된다. 팀 프로젝트에서 교수는 '코치'의 역할을 하고 '또래 배움'이 강조된다. 이 시스템 역시 공감지능이 향상될 수밖에 없게 한다.

ㄷ) 의(意-Volition-영감지능)

이 학교는 능력이 부족한 학생이 있으면 부족한 학생을 교수와 학생들이 적극적으로 도우면서 함께 성장하는 교육 시스템을 갖추고 있다. 공유능력은 책상에 앉아서 키워지는 게 아님을 시스템과 실천을 통해 보여주고 있다.

「미래의 교육, 올린」이라는 책을 써 올린공대의 제4차 산업혁명 시대에 맞는 미래형 교육을 세상에 알린 조봉수 씨는 이 학교의 분위기를 다음과 같이 전한다.

올린의 교수들은 분야나 영역에 구애받지 않고 자유롭게 새로운 과목을 개설할 수 있다. 물리학을 전공한 교수가 디자인 수업을 개설하기도 하고, 재료공학 교수가 역사학 교수와 같이 융합형 수업을 만들기도 한다. 올린에는 5개의 전공 트랙만 존재하고 별도의 학과는 없다. 전체 교수가 40명, 학생은 350명 정도의 소규모 대학이다 보니, 학과 형태의 조직을 만들지 않고 필요에 따라 자유롭게 만들 수 있게 돼 있다.[130] 또 한 가지 다른 점은 실패를 대하는 교수의 태도다. 올린에서는 실패에서 학생이 무엇이든 배울 수 있도록, 그리고 그 배움으로 문제 해결 방안을 학생 스스로 깨달을 수 있도록 돕는 것이 교수의 역할이다. 실패를 점수로 평가하고 교육 과정을 마무리하는 우리의 교육과는 너무나 달랐다. <u>실패를 통해서도 배우고 성장할 수 있다는 것을 깨닫는 순간, 학생들은 실패의 두려움을 극복하고 새로운 시도를 할 수 있다.</u>[131]

이런 교육이 가능한 것에는 교수 역할의 변혁에 기인한다고 할 수 있다. 한양대학교 교육공학과 유영만 교수는 "이제 가르치는 사람과 배우는 사람이 따로 정해져 있어서 누가 누군가에게 일방적으로 가르치는 시대는 지났다. 방대한 지식의 양과 전문 분야의 다양성, 그리고 전문성의 깊이를 한 사람의 힘으로 정복하기에는 역부족이다."라며 교수자의 역할이 제4차 산업혁명 시대에 바뀌어야 함을 강조했다.

유영만 교수의 생각은 바로 시대를 해석하는 눈이다. 이것을 깨닫게 되는 순간 교육의 질은 달라진다. 한국에도 새로운 교육 시스템 도입이 가능할까?

한 가지 중요한 사실은 우리가 큰 그림 또는 컨셉을 바로 잡는다면 세인트 존스 칼리지나 올린공대와 같은 학교를 얼마든지 세울 수 있다는 것이다. 기본 컨셉 또는 총론을 바로 잡고 나아가느냐 아니면 서둘러 각론으로 들어가느냐는 굉장히 중요한 이슈가 아닐 수 없다. 하지만 대부분 사람은 서둘러 각론으로 들어가는 방법론에만 집중하는 것이 현실이다.

제4차 산업혁명 시대의 교육 커리큘럼1
- 기독교 온라인 교육

앞서 소개한 내용은 제4차 산업혁명 시대 교육과 리더십의 전체 그림이었다. 총론이 강조되면서 소개되는 각론이었다고 볼 수 있다. 이번 장부터는 전체 그림을 마음에 품고 어떻게 작은 그림을 만들었는지를 보여주게 된다. 총론에 가까운 이번 장의 내용으로 시작해 다음 장에서 펼쳐지는 각론을 통해 각 현장에서 적용할 수 있는 아이디어를 얻을 수 있기를 기대한다. 〈필자주〉

필자가 섬기고 있는 교육 전문 비영리단체인 GNS(미국)와 거꾸로미디어연구소(한국)는 제4차 산업혁명 시대(FIRE)에 리더로서 필요한 4가지 능력을 갖추는 자들을 교육하기를 원한다. 두 단체는 특별히 소외된 아이들과 다문화권 아이들에 관심이 깊다. 앞서 소개했지만, 독자 여러분을 위해 4가지 능력을 다시 한 번 정리해본다.

- 기업, 정부, 시민사회, 종교, 학계 리더들이 함께 협력해 총체적 관점을 얻는 능력(지知. 상황맥락지능)

- 다양한 분야의 협력을 제도화하고 계층구조를 수평화하고 창의적 아이디어를 격려하는 환경으로 이끄는 능력(정情. 정서지능)

- 상황맥락지능과 정서지능을 갖고 공공의 이익을 위해 함께 탐구하고 발전시키고 공유하는 능력(의意. 영감지능)

- 건강을 유지하고 압박감 속에서 평상심을 유지하는 능력(체-體-신체 기능)

이러한 '교육'의 결과와 열매는 '섬김'이다. 즉 섬김의 리더를 탄생하도록 하는 것이다. 이 책의 초반부에 파이어 리더십(FIRE LEADERSHIP)은 '제4차 산업혁명 시대의 섬김의 리더십'이라고 풀어서 설명한 바 있다.

GNS와 거꾸로미디어 연구소는 '파이어 리더십'이라는 목표를 향해 온오프라인 플랫폼을 개발해 교육하고 이를 교회 및 단체와 공유하고 있는데 여기서 교육을 받은 분들이 교회를 섬기고, 단체를 섬기고, 회사를 섬기고, 지역 사회를 섬기는 분들로 성장해 결국 자신이 있는 곳에서 빛과 소금이 될 수 있도록 돕는 역할을 맡고 있다.

GNS와 거꾸로미디어 연구소는 위와 같은 일이 열매 맺어지도록 다음과 같은 온라인 프로그램을 운영 중이다. 2018년1월 현재 53개 프로그램이 개발되었는데 GNS의 대표인 필자는 2018년 말까지 100개 프로그램 개발을 목표로 하고 있다.

아래 소개되는 온라인 프로그램에 참여하는 학생들은 대부분 지, 정, 의로 독서를 통해 배운 것을 정리하도록 지침을 받고 있다. 어떻게 정리해야 하는지의 안내문은 다음과 같다.

지知(지식, 지혜, 인지, 인식, 분별, 이해, 성찰): 정해진 분량의 독서를 하면서 알게 된 것, 배우게 된 것을 나눈다. 전에는 알지 못했거나 희미했지만 인지하게 된 내용, 뚜렷하게 인식하게 된 내용을 적는다. 분별력이 강화된 부분, 이해와 성찰이 있었던 부분을 적는다. 그리고 배우게 된 것을 카톡방이나 밴드에서 나눈다.

정情(감정, 사랑, 희로애락, 열정, 애정, 애착, 배려): 글을 읽을 때 감정적인 터치도 중요하다. 감성 및 열정을 만지는 것은 여러 가지가 있다. 음악, 미술, 시, 음성, 영상 등이 있다. 글 읽기를 통해 경험하게 되는 감정, 희로애락, 열정, 애정, 배려와 함께 묵상 후 기도할 때 느끼게 된 것 등을 나눈다.

의意(뜻, 의지, 결정, 선택, 비전, 꿈, 노력, 성실, 실천, 행함 등): 책을 읽으면서 알게 된 것, 감동 받은 것을 어떻게 의지적으로 적용할 것인지를 적는다. 나는 주님의 이런 의지를 알게 되었고, 그것이 나의 의지가 되었고, 또 이런 결정을 내렸고, 이런 선택을 하기로 했다 등의 내용을 적는 것이다. 또한, 일을 통한 나의 꿈, 노력, 성실을 드림, 실천, 행함의 결심 등을 적는다.

지, 정, 의를 작성하게 하는 것은 지, 정, 의 회복을 기대하기 때문이다. 물론 지, 정, 의를 쓰기만 한다고 지, 정, 의가 곧바로 회복되지는 않겠지만 정리를 하면서 생각의 질서가 잡힐 때 회복으로의 실마리가 생길 것이라는 뜻으로 그러한 학습 방법을 개발했다.

지, 정, 의는 단순히 작성하는 것으로 그치지 않고 전반적인 학습 시스템 속에서 그러한 뜻이 들어가도록 했다. 지, 정, 의 회복 또는 상황맥락지능, 정서지능, 영감지능의 발전을 위해 GNS는 어떻게 프로그램을 진행했는지 소개하도록 한다.

GNS가 다른 온라인 프로그램과 차별성이 있는 이유는 프로그램들이 바로 지, 정, 의의 회복과 상황맥락지능, 정서지능, 영감지능의 성장을 위해 디자인되었기 때문이다. 그 관점으로 온라인 프로그램을 통한 GNS 기독교 교육을 보고자 한다.

지, 정, 의 요약노트 및 오디오 나눔

요약노트는 책을 읽으면서 핵심적인 내용이라고 판단이 드는 것을 적는 것이다. 요약노트를 할 때는 앞서 소개한 것처럼 지, 정, 의로 요약한다. 책의 각 장을 지, 정, 의로 요약을 하면 책을 건성으로 읽을 수가 없다.

책의 내용을 깊이 있게 조직적으로 읽을 수밖에 없다. 책의 내용을 깊이 있게 다루게 되면 자연스레 적용으로 이어진다. 그리고 인도자가 질문을 하는데 그 질문 내용을 듣고 답을 할 때 카카오톡의 단톡방이나 밴드에 녹음을 해서 올려야 한다. 이것이 단순한 작업처럼 보이지만 사실은 이 안에 상황맥락지능, 정서지능, 영감지능의 향상이 일어나게 된다.

학생은 책을 깊이 있게 읽으면서 총체적 관점을 얻게 될 뿐만 아니라 다른 사람이 올린 오디오 숙제를 들으면서도 총체적 관점이 증강될 수 있다. 즉, 상황맥락지능이 높아지게 된다. 여기에 인도자(GNS에서는 프로그램 리더, 즉 PL이라고 부른다)는 올려진 내용에 대해 정답인지 아닌지를 말하지 않고 생각을 확장하도록 격려하는 역할만을 한다. 즉, 이 프로그램은 다양한 분야의 협력을 제도화하고 계층구조를 수평화하고 창의적 아이디어를 격려하는 환경으로 이끌게 되는 것이다.

프로그램 개발자가 질문을 던질 때 상황맥락지능과 정서지능을 갖고 공공의 이익을 위해 함께 탐구하고 발전시키고 공유하는 질문을 던지기 때문에 함께 고민하고 연구하게 되는 것이다.

처음 시작했을 때 많은 학생들(GNS에서는 멘티라고 불린다)이 왜 단톡방에 오디오 숙제를 올리냐고 질문하고 이를 불편하게 여기는 사람들도 많았는데 필자는 이에 대해 "글을 쓰기만 하면 기억에 오래 남지 않는데, 녹음하면 더 오래 기억에 남는데다가, 다른 분이 녹음한 것을 들으면서 복습을 할 수 있다. 또한, 서로 인사이트를 배울 기회가 된다. 같은 내용을 다른 분들이 다양하게 설명한다면 그 학습 효과는 배가 된다."라고 설명했다.

필자의 의도대로 멘티들이 마음을 열고 이 프로그램에 열정적으로 참여했다면 참가자들(개발자, 인도자, 학생 포함)은 지, 정, 의 회복과 상황맥락지능, 정서지능, 영감지능의 성장을 경험했을 것이고 앞으로도 그럴 것으로 믿는다. 귀 있는 자는 듣고 실행에 옮긴다!

온라인 교육이지만 지, 정, 의 회복 체험

많은 사람이 온라인 교육에 대해 부정적인 견해를 피력한다. 그런 말을 하는 사람들은 그 이유를 온라인 교육이 인격적이지 않고 공부하는 사람들 간의 교제가 충분하지 않기 때문이라고 주장한다. 그런데 실제 기존 교실에서 하는 교육에서 인격적인 교류와 지, 정, 의가 성장하는 교육이 이뤄지는가 하고 질문을 한다면 선뜻 "그렇다."고 말하는 사람은 많지 않을 것이다.

필자가 경험한 바로는 기존 오프라인 교실에서도 서로에 무관심하고 친해질 가능성은 높지 않다. 오프라인 교실에서 특별한 계기가 마련되어야 친해지고 교제가 발생하는데, 온라인도 그런 특별한 계기를 만들지 않으면 같은 결과가 나올 것이다.

온라인이기 때문에 교제가 발생하지 않는 것이 아니라 특별한 계기 또는 사람의 마음의 자세에 따라 상황이 달라진다. 필자는 온라인에서 만나 지금도 친하게 지내는 사람이 많이 있다. 개인적으로는 어려운 일이 있을 때 도움을 요청하는 분 중에 처음 만남의 출발이 온라인이었던 사람들도 꽤 있다.

사도 바울도 편지로 자신의 메시지를 전했다. 오프라인 만남이 물론 중요하고 그것이 가장 좋은 만남의 방법이지만, 그것이 상황적으로 어려울 때는 우리에게 주어진 도구를 지혜롭게 사용하는 것이 중요하고 또 중요한 것은 도구보다는 사람의 마음이다. 온라인에서 만나느냐 오프라인에서 만나느냐의 이슈가 아니다 개인의 마음 자세에 따라 교제 범위는 달라진다.

GNS는 카톡 또는 밴드의 오디오 녹음을 활용할 뿐만 아니라 그룹콜을 사용해 실시간으로 의견을 나누고 교제하도록 격려한다. 또는 영상으로 소통할 수 있는 줌(Zoom)을 통해서도 중소그룹 교제를 유도하고 있다.

필자는 상황맥락지능, 정서지능, 영감지능을 동시에 향상시키기위해 온라인 교육 툴이 꽤 유용함을 GNS 프로그램 개발과 진행을 통해 알게 되었다.

각계 각층의 참가자들이 자신이 있는 곳에서 이동하지 않고 온라인 플랫폼을 통해 총체적 관점을 얻는 능력(지-知-상황맥락지능)을 높일 수 있고, 한두 사람이 학급을 지배하지 않으면서 모두가 참여하게 함으로써 협력과 공동 성장을 제도화할 수 있다. 또한 일방적인 강의가 없고 인도자의 간단한 짧은 요약과 질문만 있기에 계층 구조가 수평화되어 각자 있는 곳에서 눈치 보지 않고 창의적 아이디어를 올릴 수 있다. 자연스레 창의성을 격려하는 환경으로 이끄는 능력(정-情-정서지능)이 향상될 수밖에 없다.

온라인데다가 서로 모르는 사람이 소그룹을 이뤄 토론을 하므로 기존 그룹에서 보다 더 창의성이 발휘될 수 있다. 또한, 다양한 사람들이 바쁜 가운데에서도 온라인상에서 머리를 맞대고 공공의 이익을 위해 함께 탐구하고 발전시키고 공유할 수 있다(의-意-영감지능).

온라인 교육이 아니었다면 결코 만나기 힘든 사람들이 만나서 공공의 이익을 추구하게 되는 것이다. 결국, GNS의 교육 시스템은 '협력'을 통한 지, 정, 의의 회복과 상황맥락지능, 정서지능, 영감지능의 향상을 꿈꾸며 디자인되었다고 할 수 있다. '협력'이 키워드다.

이는 제4차 산업혁명 시대(FIRE)의 키워드라고도 할 수 있다.

제4차 산업혁명 시대의 교육 커리큘럼2
- 방과후 교육

　지난 2017년 여름, 인천 남구청에서 남구 어린이들을 위해 마련한 온마을 학교 프로그램을 인천힐링센터(대표 전병재)가 진행했고 필자가 대표로 있는 거꾸로미디어 연구소가 협력했다. 10주차로 진행한 온마을 학교도 지, 정, 의가 중요했다. 물론 지, 정, 의를 전면적으로 내세운 적은 없지만, 교사와 스태프들 안에 내재된 지, 정, 의 교육으로 이 프로그램을 진행했다. 특별히 필자는 지, 정, 의를 늘 염두에 두고 기획에 참여했다.

　온마을학교에 대한 소개에서는 지, 정, 의라는 표현보다는 상황맥락지능(지), 정서지능(정), 영감지능(의)에 좀 더 집중해 풀어볼 것이다. 앞선 장에서 소개했지만 제4차 산업혁명 시대(FIRE)에 리더로서 필요한 4가지 지능(C.E.I.P.)을 갖추면 기업, 정부, 시민사회, 종교, 학계 리더들이 함께 협력해 총체적 관점을 얻는 능력(상황맥락지능), 다양한 분야의 협력을 제도화하고 계층구조를 수평화하고 창의적 아이디어를 격려하는 환경으로 이끄는 능력(정서지능)이 생긴다.

　또한, 상황맥락지능과 정서지능을 갖고 공공의 이익을 위해 함께 탐구하고 발전시키고 공유하면서(영감지능) 건강을 유지하고 압박감 속에서 평상심을 유지하는 능력이 요구되고 있다(신체지능). 영감지능은 '의미와 목적에 대해 끊임없이 탐구하는 능력'을 뜻하는데 이는 개인적인 차원이 아닌 공동체적인 차원에서 이뤄져야 한다. 어떻게 교육 프로그램이 진행됐는지 상황맥락지능(지), 정서지능(정), 영감지능(의)을 중심으로 풀어본다.

영상 홍보를 '에이스'에게 맡기다

온마을 학교에는 J라는 초등학교 5학년 학생이 있었다. 이 프로그램이 시작하기 전 J는 '에이스'로 지목됐다. 그리고 '에이스'에게 주어진 첫 번째 임무는 홍보 영상을 기획하는 일이었다. J는 스스로 콘티(촬영대본)를 짜고 어머니와 함께 사진 촬영을 하고 영상 촬영을 해서 보내왔다. 스태프는 그 사진과 영상을 편집했고 개학식날 이를 함께하는 학생들과 시청했다. J가 보내온 온마을 학교의 수업 방향은 다음과 같았다.

'한 사람만을 위한 교육이 아닌 우리 모두의 교육', '우리 모두 토의해서 만들어보아요, 아름다운 교육', '모두에게 필요 없는 것은 없다.'

J가 만들어온 내용을 바탕으로 만든 영상은 다음 주소로 가면 볼 수 있다 (https://youtu.be/PKWx7oGgNYM)

이 일을 위해 J의 친구가 동원되었고 친구들은 자발적으로 이 프로젝트에 참여했다. 그리고 J의 어머니가 촬영 및 진행, 인천힐링센터의 스태프, 그리고 필자가 멘토링을 맡았다. J는 리더들이 협력해서 총체적인 관점을 얻는 상황맥락지능(지)이 생겼을 것이다.

리더와 스태프들이 함께 참여할 때 어떤 결과가 나오는지 '에이스' J는 체험으로 배웠을 것이다. 위에서(?) 선생님이 주제를 결정해서 아이들에게 일방적으로 쏟아놓는 방식이 아닌 J가 제시하는 주제를 프로그램 전체의 핵심 포인트로 삼고. 교사와 스태프들이 움직이는 계층구조의 수평화와 창의적 아이디어를 격려하는 방식으로 이끌면서 J와 참여 아동들의 정서지능(정)을 향상시키려고 했다.

첫날 J와 함께 만든 영상을 보여주면서 참가 아동들에게 던진 메시지는 전체의 이익을 위해 함께 탐구하고 발전시키며 공유하자는 영감지능(의)의 강조였다. 우리는 J만 혼자하는 게 아니라 '너희들도 할 수 있다'는 것을 경험하게 하려고 매주 공부했던 내용을 소감으로 말하고 동영상으로 촬영해 단톡방에 올리게 했다.

온마을학교 프로그램은 이미 정해진 프로그램으로 획일적으로 진행되는 게 아니라 지, 정, 의를 회복하는 교육으로 발전했다. 아이들은 이 프로그램 안에서 행복함을 느끼지 않을 수 없었다.

어린이 TED

온마을 학교의 스태프들은 지, 정, 의 교육을 좀 더 격려하고 지속성 있게 만들고자 어린이 TED를 진행하도록 이끌었다. 미리 정해진 프로그램을 시작하기에 앞서 참가 아동들이 잘 아는 분야 또는 잘 하는 분야를 10-20분 동안 진행하도록 한 것이다.

TED(Technology, Entertainment, Design)는 미국의 비영리 재단에서 운영하는 강연회다. 정기적으로 기술, 오락, 디자인 등과 관련된 강연회를 개최하는데 강연회에서의 강연은 18분 이내에 이루어진다. 이 강연 하나하나를 '테드 톡스(TED TALKS)라고 하는데 지금까지 강연의 온라인상에서 조회 수는 10 억 회 이상이다.

온마을 학교에서 이를 도입해 참여 아동들이 짧은 시간 동안 자신이 잘 알고 잘 하는 분야에 대해 다른 친구들에게 소개하도록 하고 이를 '페이스북 라이브'로 실시간 중계를 했다. 어떤 아이는 '달고나 쇼'를 통해 화학 강의를 했고 어떤 친구는 '수첩 만들기', 또 다른 친구는 '스토리 큐브 만들기' 등을 통해 자신의 재능과 지식을 공유했을 뿐만 아니라 이는 함께 공부하는 친구들에게 실질적으로 도움이 되는 강의가 되었다.

'어린이 강사'는 일방적인 강의를 하지 않고 참여 아동들의 질문을 받으면서 했고, 페이스북 라이브를 봤던 몇몇 어른들이 직접 질문을 하기도 했다. 이런 경험을 통해 '어린이 강사'뿐만 아니라 참여 아동들은 자신이 알고 있는 내용을 나누면서 총체적인 관점을 얻는 상황맥락지능(지)이 개발되었을 것이다. 어른들이 일방적으로 강의하는 분위기에서 '우리들(어린이)도 강의에 참여할 수 있다는 정서지능(정), 그리고 모두를 위해 함께 탐구하고 발전시키고 공유하는 영감지능(의) 또한 향상됐을 것이다.

물론 강의 한 번으로 모든 게 한꺼번에 급진전하지는 않았겠지만 아이들은 참여를 통해 지, 정, 의의 회복을 조금이나마 경험했고 프로그램 참여에 대해 행복함을 느꼈다. 단순히 표현하면 '아이들이 존중받는 느낌'이라고 할 수 있겠지만 좀 더 상세히 표현한다면 '아이들의 지, 정, 의(전인격)가 존중받는 느낌'이라고 할 수 있다.

동영상 숙제를 통한 전인격 존중의 확대

아이들의 지, 정, 의(전인격)가 존중되고 이것이 굳어지려면 가정으로 확대되어야 한다는 데 온마을 학교 스태프들은 동의했다. 이런 교육이 가정으로 확대되게 하려고 아이들에게 일주일에 한 번 가족과 함께하는 동영상 숙제를 하도록 했다. 특별히, 바쁜 아빠와 함께 하는 숙제를 도모했다.

예를 들어, '아빠와 자녀가 서로 눈을 쳐다보며 3분 동안 아무 말 없이 바라보기' 숙제가 그중 하나였다. 요즘 세대는 아빠가 바쁘기도 하지만 디지털 미디어의 발달로 서로 눈을 바라볼 기회가 부족하다. 제4차 산업혁명 시대는 더욱더 그럴 것이다. 그래서 3분이라는 짧은(?) 시간이지만 서로 눈을 바라보고 부자 또는 부녀가 공감하도록 했다.

초등학생들이 3분이라는 시간 동안 아무런 말을 하지 않고 아빠의 눈을 바라보기란 쉽지 않지만, 어쩌면 평생 한 번 있을 일일지도 모르기에 3분을 고수했다. 물론 아이들이 3분이란 시간을 지루하게 생각했을지 모른다. 하지만 그런 기회는 평생 한 번일지 모르기에 그 3분은 평생 기억에 남는 3분이 될 것이라는 확신이 필자에게는 있었다.

이렇게 3분 동안 서로 눈을 똑바로 본 후에 소감을 엄마가 동영상으로 촬영해 단톡방에 올렸고 참여 아동의 어머니들은 서로를 격려하는 메시지를 보내며 이 일이 얼마나 보람되고 복된 일인지에 동의했다.

아이들은 이런 동영상 숙제를 통해 무엇을 배웠을까? 스태프들은 동영상 숙제를 통해 아이들과 부모님들이 무엇을 배우기를 원했을까?

이런 종류의 숙제를 한다는 것은 함께 협력하는 것이고(상황맥락지능), 다양한 분야의 협력이 필요한 것이며, 수평적으로 이뤄지는 것이고, 창의적 아이디어를 격려하는 환경으로 이끄는 능력(정서지능)으로 이끌어지는 것이고, 함께 탐구하고 발전시키고 공유하는 것(영감지능)임을 깨닫기를 기대했다.

이 일이 비교적 잘 진행되었고 아이들과 부모님들은 이러한 지, 정, 의 교육에 대해 상당한 관심을 보이게 되었다. 워낙 바쁜 아빠들이 동영상 숙제에 참여해주는 것도 고마운 일이었는데 어떤 아빠는 동영상을 편집해서 올리는 열성을 보이기도 했다. 엄마들의 입에서 "우리 아빠가 변했어요. 우리 가정이 변했어요"라는 피드백이 나오기도 했다.

내가 대통령이라면

온마을 학교가 시작되었을 즈음에 대통령 선거 유세가 한창 진행되고 있었다. 온마을 학교에서는 '내가 대통령이라면…'이라는 주제로 포스터를 만들어보는 과제를 진행했다. 즉 내가 만약 대통령이라면 어떤 공약을 내세울 것인가가 숙제였다.

아이들에게 공약을 생각해보라고 했고, 아이들은 갖가지 공약을 보내왔다.

'통일된 나라를 세워 남북 어린이가 행복한 나라를 만들겠습니다', '하늘에서 물청소를 하고 공장은 나라마다 하나씩만 만들게 하겠습니다', '어른들은 금연해서 건강, 아이들은 담배 냄새를 맡지 않아서 건강한 나라를 만들겠습니다', '싸우지 않고 서로 도우며 행복한 나라를 만들겠습니다', '미세먼지 문제를 해결하여 국민들이 뛰어오를 정도로 행복하게 만들겠습니다', '복지가 잘 된 나라, 성폭력이 없는 나라', '자연이 깨끗한 나라, 아이가 행복한 나라' 등등.

이 공약들과 함께 적당한 사진이나 그림을 보내달라고 했고, 스태프들은 보내온 사진과 그림을 바탕으로 포스터를 제작해서 페이스북과 단톡방에 전시했다. 그리고 아이들이 함께 만든 포스터를 급우들 앞에서 설명하도록 했다. 이 숙제 역시 지, 정, 의 회복 효과가 있었다.

일단, 참여 아동, 어머니, 스태프들이 공동으로 과제를 했고 이를 최종적으로 아이들이 프레젠테이션을 했다. 이런 방식으로 과제를 한다는 것은 함께 협력하는 것이고(상황맥락지능), 다양한 분야(아이디어 획득 및 디자인)의 협력이 필요한 것이고, 수평적으로 이뤄지는 것이고, 창의적 아이디어를 격려하는 환경으로 이끄는 능력(정서지능)으로 이끌어지는 것이고, 함께 탐구하고 발전시키고 공유하는 것(영감지능)임을 배우게 되었다.

'대통령의 공약'에서 약간의 수정이 필요한 부분은 교사가 "이렇게 바꾸면 어떨까요?"라고 제안을 하면서, 발전시킴을 도모했다. 이를 받아들이면 감사한 일이고, 받아들이지 못하면 영감지능(의)에서 좀 더 노력이 필요하다는 생각을 교사에게 하게 만들었다.

심리성격검사가 중요한 이유

인천힐링센터에서 진행했던 온마을 학교가 독특한 이유 중 하나는 심리성격검사로 시작했기 때문이다. 이 센터의 이영옥 상담 실장님은 상담심리학을 전공했고 현장에서 심리상담치료를 하고 있는데 심리성격검사를 통해 아이의 현재 심리 상태를 파악하고 짧은 시간에 최대한 많은 정보를 얻어낸다.

참여 아동의 심리 상태를 빨리 파악할수록 아이들의 지, 정, 의를 회복하고 개발하고 발전시키는 데 큰 도움이 된다. 심리 검사에는 여러 종류가 있는데 온마을 학교에서는 집단으로 진행할 수 있는 투사적 검사인 난화검사를 실시했다. 금색 은색이 포함된 24색 파스넷과 도화지 5장의 재료가 필요하다. 아이와 엄마는 떨어져 앉고 한 책상에 한 명씩 앉아서 총 5장의 그림을 그리게 된다.

심리성격검사가 리더들이 함께 협력해 총체적 관점을 얻는 능력(상황맥락지능), 다양한 분야의 협력을 제도화하고 계층구조를 수평화하고 창의적 아이디어를 격려하는 환경으로 이끄는 능력(정서지능), 공공의 이익을 위해 함께 탐구하고 발전시키고 공유하는 능력(영감지능)과 어떤 연관성이 있을까?

심리성격검사에는 상담사, 스태프, 어머니가 함께 참여해서 아이의 현재 상황을 함께 파악하며 상황맥락지능의 향상을 돕게 된다. <u>함께 협력해서 총체적 관점을 얻는 것이 상황맥락지능인데 이 과정 자체가 협력과 총체적 관점에 집중되어 있기에 의미가 있다. 상담사 혼자 하는 것도 아니고 어머니 혼자 하는 것도 아니고 상담사, 스태프, 어머니가 총체적으로 아이의 상황맥락지능 향상에 나서는 것이다.</u>

한국의 교육은 주입식 교육이다. 선생님이 범주를 정해놓고 그 범주 안에 잘 들어가면 공부를 잘하는 아이라는 평가를 받는 시스템이다. 아이들이나 학부모는 그 틀이 전부인줄 알고 어떻게 해서든 제시된 범주 안으로 들어가기 위해 최선을 노력을 다한다. 이런 프레임을 편하게 생각하는 아이들도 있지만 대부분 창의적 잠재력이 일찍 용트림하는 아이들은 그 범주나 틀을 힘들어한다.

예를 들면, 초등학교 1학년 아이가 수학 시간에 숫자를 1부터 100까지 쓰는 수업이나 과제가 틀을 좋아하는 아이들에게는 쉽지만, 창의성을 더 선호하는 후자의 아이들에게는 재미도 없고 왜 그런 걸 해야 하는지 이해할 수 없는 일이 된다. 결과는 불 보듯 뻔하다. 후자의 아이는 수업을 거부하게 되고 반에서 부진한 아이 또는 선생님의 수업에 잘 따라오지 못하는 문제아가 된다. 이런 아이들을 대상으로 난화 검사를 하게 되는데 이는 아이들의 정서 상태, 감정 표현능력, 불안지수, 엄마와의 관계성 등을 알 수 있도록 돕는다.

난화 검사에 참여한 자녀와 엄마의 그림을 위치, 구성, 나타낸 모양, 색깔 등을 통해 아이와 엄마의 정서 상태, 감정 표현능력, 불안지수, 엄마와의 관계성 등의 기본 정보를 얻게 되는 과정은 자연스럽게 아동에게 상황맥락지능의 훈련이 된다. 그리고 이것을 바탕으로 교육이 진행되면 아이의 특성에 맞는 교육을 하면서 상황맥락지능이 높아지도록 도울 수 있게 된다. 지식과 지능은 이제 혼자 공부하고 암기하며 높이는 게 아니라 함께 참여하여 아이의 특성을 살려주면서 높이는 방식이라는 것을 학습 과정에서 아이들이 체득하게 된다.

아이들이 어떤 면에서 약하고 어떤 면에서 강한지, 이는 어떤 마음의 상태에서 나온 결과인지, 엄마와의 어떤 관계성을 갖고 있어서 그런지를 알 수 있기 때문에 창의적 아이디어를 격려하는 환경으로 이끄는 능력(정서지능)은 협력을 통해 높일 수 있다. 아이가 특이한 점(장점이든 단점이든)을 보였을 때 상담사는 추가 상담을 통해 마음속에 담긴 깊은 부분을 만져주면서 상담사, 스태프, 부모님이 아이의 정서지능을 어떻게 향상해줄 수 있을지에 대한 단서를 찾게 된다. 한 아이의 성장을 위해 그야말로 '온마을'이 발 벗고 나서기 때문에 정서지능은 당연히 향상될 수밖에 없다.

함께 탐구하고 발전시키고 공유하는 지능(영감지능)은 이러한 분위기 속에서 자연스럽게 좋아질 수밖에 없다. 아이들은 상담사, 스태프, 부모님의 공동 참여와 지원과 격려 속에 마음이 활짝 열리게 되고 이는 다른 아이에 대한 관심으로 이어지게 된다. 초등학생 아이들은 어디로 튈지 모르는 각각의 개성과 특징이 있다. 아이들이 자기를 표현하는 방법은 아주 다양하다.

어떤 아이는 아무것도 하지 않겠다고 거부하고, 어떤 아이는 의도하지는 않았지만 특이한 감정 표출 때문에 분위기를 흩트려 놓고, 어떤 아이는 핵심이 없는 습관적인 질문으로, 어떤 아이는 뭐가 뭔지 모르겠다는 표정으로 각자의 개성을 나타낸다.

하지만 전인격을 존중하는 분위기 속에서 아이들 안에는 함께 탐구하고 발전시키며 공유하는 지능이 생겨나기 시작하고, 이는 곧 영감지능의 향상으로 이어진다. 단기간의 프로그램에서는 이런 일들이 일어나기 쉽지 않은데 심리성격검사가 그렇게 할 수 있는 중요한 정보를 제공해준다.

아이들의 인격을 존중한다는 것은 바로 이런 지, 정, 의의 회복과 발전을 존중하는 것이다. 교사와 스태프가 같은 마음으로 이러한 교육 프로그램에 참여하면 아이들은 어른보다 이른 시간 안에 회복을 경험하게 된다.

아이들 속에는 반짝이는 원석이 숨겨져 있다. 그것이 부모의 기준, 잣대, 선생님의 획일적이고 고착화된 교육 철학, 반에서 공부 1등이 좋은 거라는 인식 등으로 보석이 되지 못하는 경우가 많다. 원석이 보석이 되려면 아이이든 어른이든 지, 정, 의가 회복되어야 하고 성장해야 한다.

지, 정, 의(전인격체)의 회복과 성장을 중요시하는 교사와 스태프들이 만나 기도하는 가운데 겸손하게 아이들을 섬기면 아이들 안에 잠재되어 있는 놀라운 능력이 살아나게 된다. 제4차 산업혁명 시대(FIRE)의 리더십은 바로 이러한 환경에서 올바로 세워질 것이라고 믿는다.

제4차 산업혁명 시대의 교육 커리큘럼3
– 마이크로네이션

마이크로네이션(Micro Nation)은 '초소형 국가'라는 의미로 프랑스에서 탄생한 르 소제라는 마이크로네이션이 시초다. 이 마이크로네이션은 한 공작(duke)에 의해 건국이 됐는데 그는 1150년에 프랑스 정부에 의해 약간은 진지하게, 약간은 장난으로 이 나라의 대통령으로 임명됐다.[133]

대부분의 마이크로네이션은 일종의 취미나 재미로 건국된다.

최근에는 어린이들에 의해 세워진 마이크로네이션이 많이 있다.

어린이, 청소년들이 세우는 마이크로네이션은 여러 면에서 의미가 있다. 어린이나 청소년이 나만의 나라를 세움으로써 정치, 경제, 사회, 문화, 예술을 배우고 싶은 시점에 세워지면 많은 것을 배울 수 있다.

나라는 온라인상에서 운영될 수 있고 오프라인에서 운영할 경우에는 집의 뒤뜰, 자신의 방, 거실, 옥상 등을 사용할 수 있다. 어린이는 이 과정을 통해 건국을 어떻게 하고 나라 운영의 기초에 대해 배우게 된다. 또한, 국가 경영에 대해 배울 수 있는데 이를 장기간 하게 될 경우 해당 어린이는 미래 사회와 국가의 리더가 될 수 있다.

특별히 제4차 산업혁명 시대(FIRE)의 리더로서의 4가지 지능을 갖출 좋은 기회가 된다. 마이크로네이션은 기업, 정부, 시민사회, 종교, 학계의 리더들이 함께 협력해 총체적 관점을 얻는 능력(상황맥락지능), 다양한 분야의 협력을 제도화하고 계층구조를 수평화하고 창의적 아이디어를 격려하는 환경으로 이끄는 능력(정서지능), 그리고 상황맥락지능과 정서지능을 갖고 공공의 이익을 위해 함께 탐구하고 발전시키고 공유하는 지능(영감지능)을 갖추도록 돕는 좋은 플랫폼이다.

어린이 또는 청소년이 마이크로네이션을 운영하면 시, 도, 나라의 조직 또는 시스템을 조금이나마 알게 된다. 또한, 국민의 권리와 의무를 배울 수 있고 나라의 신앙체계, 생활양식이 무엇인지 관심을 갖게 된다. 당연히 종교, 언어, 예술, 패션, 음식 등에 대한 관심이 높아진다. 공동체의 관습 또는 신앙체계, 건국자의 권리가 무엇인지도 알게 된다. 이밖에 경계표, 아틀라스, 지리학, 헌법, 언론, 종교, 모토(신조), 휘장, 조약 등에 대해서도 알게 된다.

나라 이름 짓기, 표어, 휘장 만들기를 통해 제4차 산업혁명 시대의 리더십 세우기의 부분적인 것을 경험할 수 있다. 필자가 진행했던 단기 마이크로네이션 프로그램의 하이라이트는 뉴스레터 만들기였다. 아이들이 만든 내용을 갖고 필자가 소식지를 제작했는데, 언론 기사처럼 마이크로네이션의 건국을 알리는 뉴스레터를 제작해서 참가 아동, 스태프, 부모님들과 나눴다. 다음은 그 뉴스레터 내용 중 OO군의 마이크로네이션에 대한 기사이다.

마이크로네이션이 탄생했다.

OO군은 7일 인천힐링센터에서 자신의 마이크로네이션(이하 MN) 탄생을 준비하며 국가명을 '평한'이라고 지었다.

OO MN 대통령은 이날 "데이지처럼 평화로움에서 평자를 따왔고 소나무처럼 한결같다에서 한을 따와 이름을 평한이라고 지었다."라고 설명했다. OO MN 대통령은 평한 나라의 표어를 '자유롭고 평화가 한결같다'로 지었다.

OO MN 대통령은 "세계 최고가 아니어도 최선을 다해 노력하고 행복하게 사는 나라를 만들겠다."고 다짐했다. 그는 자신의 MN에 대해 "북한처럼 고립된 나라가 아닌 데이지처럼 자유롭고 소나무처럼 한결같은 나라를 만들겠다."고 덧붙였다.

MN의 자문(advisor) 역할을 하고 있는 인천힐링센터 이영옥 상담 실장은 "OO 대통령은 마음에도 없는 것을 억지로 하지 않을 수 있는 용기가 있고 무엇이든 긍정적으로 관찰하고 실험하면서 새로운 것을 창조해내는 무한한 창의력을 가지고 있다. 특히 세상에 커다란 업적을 남긴 세계 위인들의 특징인, 남을 위하고 배려하는 마음과 여러 사람에게 유익을 끼치는 일을 기쁘게 수행하는 놀라운 능력이 있다. 대통령이 세운 평화로움이 한결같은 나라를 지지하고 그 나라에서 살고 싶어 하는 국민이 많아지기를 바란다."라고 말했다. -마이크로네이션 뉴스, OOO 기자-

뉴스레터를 통해 리더들이 협력해 OO이가 만든 '평한' 나라에 대한 총체적 관점을 얻는 능력(상황맥락지능)이 생겼을 것이다. 평한이라는 나라를 세울 때 전직 기자, 목회자, 상담가, 학자, 기업가의 경험이 총동원되었다. 나라는 OO이가 만들었지만 서포터들의 '총체적 관점과 능력'이 평한이라는 나라에 쏟아진 것이다. 예를 들어, 인천힐링센터에서 진행한 심리상담검사와 OO의 어머니와의 대화를 통해 얻게 된 정보를 토대로, 평한 나라의 대통령으로서 OO이가 미래에 어떻게 될 것이라는 축복의 글을 써서 뉴스레터에 실었다.

이와 같은 작업은 다양한 분야의 협력을 제도화하고 계층구조를 수평화하고 창의적 아이디어를 격려하는 환경으로 이끄는 능력(정서지능)을 향상시키기도 한다. 교사와 스태프들이 아이들에게 이렇게 하라, 저렇게 하라고 지시하지 않고 나라 이름 만들기, 표어, 휘장 만들기라는 주제만 던져주고 아이들이 만드는 과정에 '돕는 역할'(facilitating)만 했다.

이는 계층구조의 수평화의 좋은 예일 뿐 아니라 다양한 분야의 협력이 제도화되었고 창의적인 아이디어를 격려하는 환경이었다. 아이들은 이런 경험을 통해 제4차 산업혁명 시대의 리더로서 필요한 교육이 무엇인지 조금은 알게 되었을 것이다.

이 프로그램을 통해 12개의 마이크로네이션이 탄생했는데 필자는 아이들에게 서로의 마이크로네이션을 위해 격려하는 말을 해달라고 요청했다. 즉, 정상 간의 대화를 해주라고 안내했다. 그렇게 잘한 아이도 있고 그렇게 하지 못한 아이도 있었는데, 이런 것을 도모하는 것은 내 나라만 잘 되는 게 아니라 서로에 대해 관심을 갖게 하고 정상 간에 상호 협력하는 분위기를 만들어주기 위해서였다.

또한, 뉴스레터를 받은 아이들이 서로의 장점을 읽어주며 "그래, 너는 그런 사람이야"라고 인정해주는 시간을 갖도록 했다. 이는 상황맥락지능과 정서지능을 갖고 공공의 이익을 위해 함께 탐구하고 발전시키며 공유하는 지능(영감지능)을 갖도록 하는 과정이었다.

마이크로네이션에서도 '에이스' 역할을 했던 OO은 모든 과정이 끝나는 날 "선생님, 여기서 경험한 것은 평생 잊을 수 없을 것 같아요."라고 말하며 스태프를 격려했다.

필자는 어떤 프로그램이든 건전한 세계관을 갖고 지, 정, 의의 회복을 마음에 두고 진행하면 내용은 같아도 다른 프로그램으로 탈바꿈할 수 있다는 것을 마이크로네이션을 통해 배우게 되었다.

마이크로네이션은 2018년 경기도 꿈의학교에서도 채택돼 4월부터 10월까지 수원 지동에서 진행된다.

제4차 산업혁명 시대의 교육 커리큘럼4
- GNS 온라인 교육

다음은 https://mygns.org/oc에 올려진 GNS의 커리큘럼을 소개하는 내용이다. 이 프로그램 전체를 읽다 보면 어떤 세계관으로 시대를 어떻게 해석하고 어떤 미션을 갖고 디자인되었는지 알 수 있을 것이다. 웹사이트에서 존대어로 썼기에 고치지 않고 그대로 옮겼다. 그 내용을 그대로 싣기로 한다. 〈필자주〉

GNS는 제4차 산업혁명 시대에 리더로서 필요한 4가지 능력을 갖추는 자들을 교육하고자 합니다. 특별히 소외된 아이들에 관심이 깊습니다. 4가지 능력은 다음과 같습니다.

기업, 정부, 시민사회, 종교, 학계 리더들이 함께 협력해 총체적 관점을 얻는 능력(상황맥락지능), 다양한 분야의 협력을 제도화하고 계층구조를 수평화하고 창의적 아이디어를 격려하는 환경으로 이끄는 능력(정서지능), 상황맥락지능과 정서지능을 갖고 공공의 이익을 위해 함께 탐구하고 발전시키고 공유하면서(영감지능) 건강을 유지하고 압박감 속에서 평상심을 유지하는 능력(신체지능)을 갖추도록 노력하게 될 것입니다.

이러한 '교육'의 결과와 열매는 '섬김'입니다. 온오프라인 교육을 받은 분이 교회를 섬기고, 단체를 섬기고, 회사를 섬기고, 지역사회를 섬기는 분들로 성장해 결국 자신이 있는 곳에서 빛과 소금이 될 수 있도록 돕는 작은 역할을 GNS가 맡고 싶습니다. 그리고 우리의 섬김의 궁극적 대상은 이 사회에서 소외된 분(the marginalized) 들입니다.

모든 과목의 수업료는 없지만, 과목 당 5만 원 또는 50불의 자발적 후원금을 부탁드리고 있습니다. 이미 GNS에 후원을 하고 있는 분들은 후원에 대한 부담 없이 프로그램을 누리시길 바라고, 재정적인 상황으로 후원이 어려운 분들도 자유롭게 GNS 프로그램의 무료 혜택을 누리시길 바랍니다. 저희 프로그램을 소개합니다.

1. **멘토링 프로그램1(MP101):** 자녀부터 소외된 이웃까지 우리 주변에 있는 분들에게 좋은 멘토가 되고자 성경의 원리를 바탕으로 '성경적 멘토링'을 배우는 과정입니다. 멘토링에서는 새 시대에 필요한 '배려' '사랑'이 강조됩니다.

2. **멘토 인턴십 시리즈(MP102):** 멘토링 프로그램(MP101)을 '성실하게' 이수한 분들이 실제 온라인 교육 현장에서 멘토링 인턴십을 하는 프로그램입니다.

3. **거꾸로 교육(MP103):** 거꾸로 교육은 총 3권의 책을 읽으면서 새로운 교육의 철학을 배우는 프로그램입니다. 존 버그만, 애론 샘즈의 공저인 「거꾸로 교실: 진짜 배움으로 가는 길」(에듀니티)이 첫 번째 책이고 전성수, 이익열 님의 공저인 「교회 하브루타: 한국 교회를 살리는 하나님의 방법」(두란노)이 두 번째 책입니다. 세 번째 책은 KBS에서 방영되었던 TV 프로그램 '명견만리: 우리가 준비해야 하는 기회를 말하다'「윤리, 기술, 중국, 교육 편」을 북스터디하는 것입니다.

4. **거꾸로 교실(MP104)**: 비기독교인 참가자가 거꾸로 교실에 대해 배우는 과정입니다.

5. **멘토링 프로그램2/일의 신학II(MP105)**: 제프 고인스의 「일의 기술」(The Art of Work)을 읽으며 천직은 무엇이고 진정한 일의 기술은 무엇인지 배우는 과정입니다. 천직을 찾는 데 있어 멘토의 역할이 왜 중요한지도 배우게 됩니다. 비기독교인도 참여할 수 있는 보편적인 프로그램입니다.

6. **어린이 인권과 선교(MP106)**: 어린이 사역을 현재 진행 중이고 앞으로 꿈꾸는 분들을 위한 과정입니다. 아동 권리와 인성교육 그리고 선교에 대해 다루게 됩니다.

7. **한국인 멘토(MP107)**: 한국의 외국인들을 온라인상에서 돕는 프로그램입니다.

8. **학교폭력 어떡하죠?(MP108)**: 「열세 살, 학교 폭력 어떡하죠?」라는 책을 함께 공부하며 학교 폭력을 예방하고 근절하는 프로그램입니다. 프로그램명은 NVIS(엔비스)입니다. NVIS는 'No Violence In School'의 약자입니다.

9. **멘토링 프로그램 1A(MP110)**: 멘토링 프로그램1(MP101)을 한꺼번에 하실 수 없는 분들이 나눠서 공부할 수 있도록 분리된 프로그램입니다. 공부하게 될 책은 「2020-2040 한국 교회 미래지도」입니다.

10. **멘토링 프로그램 1B(MP111)**: 멘토링 프로그램1(MP101)을 한꺼번에 하실 수 없는 분들이 나눠서 공부할 수 있도록 분리된 프로그램입니다. 공부하게 될 책은 「교사 리바이벌」(김남준 저)입니다.

11. **멘토링 프로그램 1C(MP112)**: 멘토링 프로그램1(MP101)을 한꺼번에 하실 수 없는 분들이 나눠서 공부할 수 있도록 분리된 프로그램입니다. 공부하게 될 책은 「지금 시작하는 교리교육」(황희상 저)입니다.

12. **멘토링 프로그램 1D(MP113)**: 멘토링 프로그램1(MP101)을 한꺼번에 하실 수 없는 분들이 나눠서 공부할 수 있도록 분리된 프로그램입니다. 공부

하게 될 책은 「도르트 신조」(프롱크 저)입니다.

13. **멘토링 프로그램 1E(MP114):** 멘토링 프로그램1(MP101)을 한꺼번에 하실 수 없는 분들이 나눠서 공부할 수 있도록 분리된 프로그램입니다. 공부하게 될 책은 「월요일의 그리스도인」(최영수 저)입니다.

14. **일상생활의 영성(everydaylife):** 성속 이원론과 세속화로 인해 왜곡된 영성을 비판하고, 신앙과 일상이 통합되는 일상생활 영성을 강화하기 위해 일상생활 영성의 이론과 실제를 제안하는 프로그램입니다. 박성업 목사님의 풀러 신대원 목회학 박사 학위 논문인 「지역교회의 일상생활 영성 강화 방안」을 공부하며 진행됩니다.

15. **온라인 제자훈련(Joseph Discipleship):** 미국 캘리포니아주 얼바인 소재 베델한인교회의 담임 목회자인 김한요 목사님(필라델피아 웨스트민스터 신대원 M.Div.)이 다년간 연구하고 직접 훈련하고 수정하고 완성한 훈련 프로그램을 온라인에서 공부할 수 있도록 만든 제자훈련입니다.

16. **요한계시록1:** 김한요 목사님(필라델피아 웨스트민스터 신대원 M.Div.) 요한계시록 강해설교를 듣고, 그의 저서 「예수님의 러브레터」를 읽으며 나눔을 하는 과정입니다. 총 12편의 설교를 듣고 책 12장(chapter)를 읽게 됩니다.

17. **요한계시록2:** 김한요 목사님(필라델피아 웨스트민스터 신대원 M.Div.) 요한계시록 강해설교를 듣고, 그의 저서 「예수님의 러브레터」를 읽으며 나눔을 하는 과정입니다. 총 11편의 설교를 듣고 책 11장(chapter)를 읽게 됩니다.

18 - 20 **로마서 I, II, III:** 김한요 목사님의 로마서 강해 설교를 듣고 홍인규 박사님의 「로마서 어떻게 읽을 것인가」(성서유니온선교회) 그리고 박영덕 목사님의 「내 삶에 들어온 로마서」(생명의 말씀사)를 읽으며 로마서를 공부하게 됩니다.

22. **로마서 XXI (헬라어 타이핑으로 배우는 로마서):** 헬라어 타이핑 방법을 배운 후 컴퓨터로 타이핑을 하면서 로마서를 공부하는 강좌입니다.

23. **기독교 변증 시리즈1 (일명 당.가.소.):** 잘 알려진 기독교 변증가 중 한 분인 안환균 목사님의 「당신에게 가장 좋은 소식」(생명의 말씀사)을 읽으며 변증에 대해 공부를 하게 됩니다.

24. **사회적 기업1:** 크리스천으로서 사회적 기업을 어떻게 운영할 것인가를 배우고 나누는 과정입니다. 「사회적 기업 창업 교과서」(야마모토 시레루)를 읽고 나누고 성경 잠언을 묵상하고 나누며 백서(White Paper)를 작성하는 과정입니다.

25. **사회적 기업2:** 여성 크리스천으로서 사회적 기업을 어떻게 운영할 것인가를 배우고 나누는 과정입니다. 「여성 소셜 마케팅으로 시작하라」(최은희)를 읽고 나누고 성경 잠언을 묵상하고 나누며 백서(White Paper)를 작성하는 과정입니다.

26. **세계관1**- 세계관과 함께 하는 영어 캠프: 세계관&영어 캠프를 열고자 하지만 인적 자원, 컨텐츠가 부족한 작은 교회를 위해 훈련을 시켜드리고 자료를 공유하는 프로그램입니다.

27. **세계관2** (세계관 북스터디 시리즈I): 개혁주의 기독교 세계관을 배우는 프로그램입니다. 마이클 호튼의 「개혁주의 기독교 세계관」을 읽으며 나누게 됩니다.

28. **세계관3** (60분 기독교 세계관): 기독교 세계관을 60분 동안 배우는 프로그램입니다. 60분에 잘 이해가 되지 않으면 반복해서 여러 번 공부할 수 있습니다. 60분짜리 영상을 본 후에 지, 정, 의로 소감을 한 페이지 분량으로 적어내면 되기에 총 소요 시간은 2시간으로 예상합니다.

29. **일의 신학 I:** 제프 고인스의 「The Art of Work」를 영어원서로 읽으며 나누는 프로그램입니다.

30. **일의 신학II (일과 영성):** 팀 켈러 목사님의 「일과 영성」(두란노)을 읽으면서 성경에서 말하는 일(work)의 의미와 그 일에 임하는 우리의 태도에 대해

나누는 프로그램입니다.

31. **일의 신학III**: 폴 스티븐스의 「일의 신학」을 읽으면서 성경적인 일(work)의 의미와 그 일에 임하는 우리의 자세와 마음가짐에 나누는 프로그램입니다.

32. **매일성경 큐티 나눔방(참관)**: 매일성경 큐티 나눔을 참관하며 은혜를 받는 프로그램입니다.

33. **매일성경 큐티 나눔방(리더십)**: 매일성경 큐티 나눔 카톡방을 운영하고 싶은 분들을 위한 프로그램입니다. 큐티 단톡방 운영방법을 알려드립니다.

34. **성경통독(직참)**: 혼자 성경통독하기 어려운 분을 위한 성경통독 프로그램입니다. 매스터스 유니버시티 그랜트 호너 교수의 통독 시스템으로 성경을 읽으면서 매일 지, 정, 의로 매일 요약합니다. 하루 성경 읽는 분량은 14장입니다.

35. **성경통독(관전)**: 성경통독을 하며 '지-정-의' 노트를 쓰지 않지만 성경을 읽는 은혜의 수고는 해야 하는 것이 '관전'입니다. 관전자는 다른 분의 글에 대해 매일 댓글을 올리셔야 합니다.

36. **쉽게 배우는 조직신학1(DST1)**: 조직신학을 쉽게 배울 수 있도록 고안된 프로그램입니다. DST는 Daily Systematic Theology를 줄인 말입니다. 필독서는 존 프레임 교수의 「조직신학 개론」(P&R)입니다. 삼위일체 하나님에 대해 알고 싶은 사람들이라면 누구나 참여할 수 있습니다.

37. **쉽게 배우는 조직신학2(DST2)**: DST1을 이수한 분들이 두 번째 시리즈에 참여합니다

38. **효과적인 외국어 공부(EFLL)**: '노력 없는 노력'이 캐치프레이즈가 된 EFLL은 외국어를 골머리를 썩여가며 배우는 것이 아니라 재미있고 쉽게 하루 20-30분만을 쓰며 배우도록 고안된 GNS만의 특별한 프로그램입니다.

39. **교리 교육 시리즈1**: 교리 교육에 대해 배우고 도르트 신조를 직접 배우는 프로그램입니다. 「지금부터 시작하는 교리교육」(황희상 저)과 「도르트 신조」(프롱크 저)를 통해 교리를 직접 배웁니다.

40. **교리 교육 시리즈2**: 교리 교육에 대해 배우고 하이델베르크 요리문답을 직접 배우는 프로그램입니다. 「지금부터 시작하는 교리교육」(황희상 저)과 박준식 목사님의 하이델베르크 강의(영상)를 통해 교리를 배웁니다.

41. **교리 교육 시리즈3**: 칼빈의 튤립(TULIP) 교리를 체계적으로 배웁니다. 고현권 목사님 만드신 교재를 갖고 공부하게 됩니다. 추가 필독서 2권을 함께 공부하게 되는데 그 두 권은 「지금부터 시작하는 교리교육」(황희상 저)과 「개혁주의 핵심: 칼빈주의 5대 교리」(보이스&라이큰 저)입니다.

42. **교리 교육 시리즈4**: 도르트 신조를 영어로 배우는 프로그램입니다. Expository Sermons on the Canons of Dort Kindle Edition by Cornelis Pronk를 공부하면서 교리를 배웁니다.

43. **언론인 제자훈련학교**: 미래의 언론인 또는 현직 언론인을 제자훈련하는 프로그램으로 박병기 목사의 박사학위 논문을 주교재로 공부하게 됩니다.

44. **60분 기도(개인)**: 60분 기도라는 의미의 60MP는 기도문을 처음부터 끝까지 한 번 읽는데 약 60분이 걸려서 붙여진 이름입니다. 60MP는 연중 원하는 아무 때나 등록 신청을 할 수 있고 PC와 스마트폰에서 기도제목을 읽으며 기도할 수 있도록 마련되었습니다.

45. **60분 기도(그룹)**: 온라인상에서 기도제목을 놓고 함께 기도하고 싶은 분들이 그룹으로 등록해서 진행합니다

46. **디지털 40일 기도**: 40일 동안 기도에 관해 배우고 기도문을 작성하고 함께 온라인에서 기도문과 기도제목을 나누는 프로그램입니다.

47. **디지털 7일 기도I**: 7일 동안 겸손에 관해 배우고 기도문을 작성하고 한국의 교육에 대해 기도하며 기도문을 작성하는 과정입니다.

48. **디지털 7일 기도II:** 7일 동안 경청에 관해 배우고 기도하며 일반은총과 관련되어 공부도 함께하게 됩니다.

49. **제4차 산업혁명 시대 시리즈I:** 제4차 산업혁명 시대의 리더십&교육과 연관된 컨텐츠를 올리면 그것에 대해 댓글을 올려 총체적인 지식으로 이끌어가는 과정입니다.

50. **제4차 산업혁명 시대 시리즈II:** 제4차 산업혁명 시대와 다섯 가지 경영원칙에 대해 나누는 과정입니다. 클라우스 슈밥과 피터 드러커의 책을 읽으며 북스터디를 하게 됩니다.

51. **조나단 에드워즈의 70가지 결심문:** 위대한 신학자인 조나단 에드워즈가 18세에 작성한 70가지 결심문을 매일 읽고 3분 동안 녹음해서 공유하는 것입니다.

52. **비영리 단체 리더십:** 교회, 단체, 회사 등에 속하여 그 일원으로 활동하게 되는데, 그 속한 곳에서 어떻게 지내야 하는지를 배우는 과정입니다. 비영리단체 중심의 과정으로 꾸며져 있습니다.

53. **오른손이 한 일:** '오른손이 한 일'이 없는 시대를 사는 우리에게 소외된 이웃 또는 어려움에 빠진 분들에 대해 조금이라도 관심을 두게 하고 관심을 두는 것이 습관이 되게끔 하자는 취지로 만든 프로그램입니다.

온라인 등록: https://mygns.org/oc
문의: gugguro21@gmail.com

제4차 산업혁명 시대의 교육 커리큘럼5
- 하이브리드 신학교육

다음은 제4차 산업혁명 시대에 필요한 4가지 지능(C.E.I.P.)을 마음에 품고 필자가 웨스트민스터신학대학원(총장 정인찬)의 김선일 교수님과 토론하며 함께 디자인한 웨스트민스터 평신도 바이블 칼리지(가칭)의 커리큘럼이다.

앞서 소개했던 지(상황맥락지능), 정(감성지능), 의(영감지능)를 전체 프로그램에 녹인 시스템인데, 이는 제4차 산업혁명 시대의 증강세계를 염두에 둔 하이브리드 프로그램이다.

주로 온라인에서 공부하지만, 오프라인에서 교제와 학습의 시간도 갖게 되는 것이 하이브리드(hybrid)의 의미다. 아래 내용은 임시 안이며 최종안은 2018년 가을 이전에 학교 웹사이트를 통해(wgst.ac.kr) 발표될 예정이다.

성경통독학과

1년에 3차례 성경을 통독하는 학과로 하루에 성경을 읽는 분량은 약 14장이며 성경통독 관련 책을 읽어야 하고, 매일 14장의 분량에 대해 지, 정, 의로 노트를 쓰고 온라인에서 다른 사람과 함께 공유하며 서로 격려하도록 하는 과정이다.

주로 온라인에서 진행되지만 1년에 2차례 성경통독 관련 세미나가 종일 프로그램으로 진행된다. 성경통독 리스트는 매스터스 유니버시티의 그랜트 호너 교수의 리스트를 사용하게 된다. 10개 리스트로 14장을 읽게 되는데 10개 전체 구조는 다음과 같다.: 모세오경, 역사서, 시편, 잠언, 지혜서, 대/소선지서, 복음서, 사도행전, 주요 서신, 기타 신약의 책.

하루에 여러 책을 읽으면서 성경이 성경을 해석하게 하며 많은 분량을 읽을 때 얻는 인사이트가 있고, 통독 횟수를 더해 갈수록 성경을 읽는 것에 자신감을 느끼게 하는 과정이다.

1년의 과정을 마친 학생은 섬기는 교회와 단체에서 이 프로그램을 진행할 수 있도록 멘토링을 받는다. 그 연구 수료생으로 인해 공동체가 함께 성경을 읽게 되어 성경통독이 잠깐 스쳐가는 현상이 아니라 크리스천이 평생 꾸준히 하게 되는 영적인 현상이 일어날 것을 기대한다.

평신도 세계관학과

교차 문화적(cross-cultural) 사역, 교차 문화적 증거, 교차 문화적 카운셀링 분야에 있는 사역자는 세계관에 민감해야 한다. 이런 사역을 할 때는 세계관에 대해 충분히 알아야 접촉점을 마련할 수 있다. 자연과학(natural science) 분야에서도 마찬가지다. 세계관을 모르면 어려움에 빠지게 된다. 철학과 세계관을 모르면 자연과학 분야의 중요한 주제를 놓고 대화하기 어렵다.

심리학, 카운셀링과 같은 인문과학(human sciences)에서도 세계관 이슈는 중요하다. 심리상담, 카운셀링 등과 같은 분야에서 세계관을 다루는 일은 중요하며 어떤 세계관을 가졌느냐에 따라 내담자를 다루는 전략도 바뀌게 된다.

세계관은 타 종교인과의 대화 시에도 중요하다. 오늘날처럼 세계가 복잡하고 좁아지면서 우리는 다른 종교인들을 쉽게 만날 수 있다. 따라서 타 종교인과 대화의 중요성이 강조되고 있다. 종교 제국주의에서 벗어나 부드럽고 존중하는 마음으로 타종교인과 대화의 문을 여는 것이 중요한데 그래서 올바른 세계관 정립이 중요합니다. 세계관을 깊이 있게 다루는 학과이다.

평신도 일의 신학과

성도는 그리스도인의 삶과 일을 이해해야 한다. 성도는 교회뿐만 아니라 일상에서의 사역을 감당할 수 있도록 준비되어야 한다(에베소서 4장11-12절). 성도는 신학이 모든 삶의 영역을 이해하는 것임을 알아야 한다. 성도는 세상 속에서 어떻게 거룩함을 유지할 것인지를 알아야 한다. 이러한 주제들을 가르치는 교회나 신학교는 많지 않다. 이런 신학 교육은 사실 500년 전 종교개혁자들이 가졌던 비전이었다. '일의 신학과'는 종교개혁자들의 이상을 현실에서 온전하게 이루어내는 데 기여하는 학과가 될 것이다.

평신도 조직신학과

조직신학은 늘 어려운 분야로 여겨진다. 평신도 조직신학과는 어려운 조직신학을 하루 20-30분만 투자하면 쉽게 배울 수 있도록 고안되었다. 평신도가 쉽게 배울 수 있고 매일 이전에 공부한 내용이 기억나도록 돕는 퀴즈를 풀면서 조직신학에 익숙해지게 하는 신개념 학습이다.

반복 학습의 형식을 띠지만 담당 교수와 조교(멘토)에게 온라인(밴드 또는 구글 클래스룸)에서 궁금한 것을 질문하면 24시간 안에 답을 해주는 방식이기에 더욱더 살아 있는 쉽게 다가서는 조직신학이 된다. 1년 동안 진행되며 하루 30분을 월요일부터 금요일까지 쓰면 된다. 1년 과정에서 배운 내용을 종합하는 1시간짜리 종합시험(오픈북)을 통과하면 연구수료증을 받게 된다.

개혁교리 문답학과

저명한 학자이자 총장인 남침례신학대학원의 R.A 몰러 박사는 교리를 다음과 같이 설명한다.

"교리는 기독교 교육을 의미한다. 특별히 하나님, 복음, 기독교 진리를 체계적으로 이해할 수 있도록 가르치는 것을 의미한다. 교리라는 단어는 '가르침'이라는 뜻이다. 이 가르침은 믿는 자 모두를 향하는 것이고 특정 교단과 교회를 향하는 것이기도 하다."

그는 이어 "오늘날 개신교의 추락이 교리 교육의 거부에 기인한다."고 덧붙인다. 개신교 교인의 수가 감소하고 전도의 길이 점점 막히는 것은 성경적 교리에 대한 인식이 부족한 것이 원인이 됐다는 것이 많은 신학자의 설명이다.

교리가 한국교회에서 힘을 잃은 여러 이유가 있는데 교리를 좀 배웠다는 사람들이 율법학자나 바리새인처럼 행동한 것이 주된 이유 중 하나이다. 그런 교리 공부가 아니라 날마다 십자가 앞에 낮아지는 교리문답 공부를 한다면 이는 한국교회에 '좋은 소식'이 될 수 있다.

복음주의적 개혁신학을 표방하는 웨스트민스터 신대원은 이러한 개혁교리문답을 적극지지 하는 학교이다. 특별히 여기서 고안된 교리문답은 차세대 리더에 중요한 공부 방법인데, 질문과 답을 하며 생각하게 만들기 때문이다.

개혁교리문답하면 웨스트민스터 대(소)요리문답, 하이델르크 요리문답, 제네바 요리문답 등이 있는데 여기에 도르트 신조, 벨직신경을 문답서처럼 만들어서 함께 2년 동안 공부하게 된다.

평신도 실천신학과

아브라함 카이퍼는 실천신학 또는 봉사신학을 하나님의 종들이 하나님의 교회를 봉사하는 방법을 연구하는 학문이라고 생각하고 1) 가르치는 학과 2)

다스리는 학과 3) 섬기는 학과 4) 평신도 학과로 세분화했다.

찰스 핫지(Hodge)는 실천신학에 대해 성경 계시에 나타난 대로 기독교인을 인도하는 원리와 법칙이라고 하면서 1) 하나님의 계시를 확실히 하고 해석하여 높이는 것 2) 모든 사람이 부과될 의무에 실제로 순종하도록 하는 것 3) 관계된 축복의 열매를 맺도록 하는 것이라고 했다.

실천신학은 교회 안팎에서의 실제적 활동을 전반적으로 다루는 신학의 한 분야이다. 그 범위는 교회와 교회 밖을 모두 아우른다. 제4차 산업혁명 시대에 꼭 필요한 학과다.

평신도 소그룹FT 학과

어떻게 건강한 교회가 세워질 수 있을까? 인격적인 관계에 기초한 친교와 나눔이 건강한 교회에 중요한 요소다. 치유와 변화의 소그룹 사역이 중요한 이유다.

웨스트민스터 신대원은 한국소그룹목회연구원과 협력하여 한국 최초로 소그룹 사역 전공 석사학위과정을 개설하여 철저한 학문적 연구와 구체적인 임상을 통해 건강한 교회 공동체를 세워나갈 사역자들을 키워내고 있다.

평신도 소그룹 FT학과 학생들은 웨스트민스터 신대원의 석사 과정으로 들어가기에 앞서 1년 동안 약 3과목을 수강하여 현대 교회에 요구되는 소그룹 사역을 배울 기회를 얻게 된다.

FT는 퍼실러테이팅(Facilitating)의 약자로 효율적인 소그룹이 되도록 조율하는 역할 행동을 의미한다. 퍼실러테이팅을 하는 사람을 퍼실러테이터라고 부르는데 이들은 회의나 교육이 원활하게 진행되도록 돕는 역할을 한다.

한국어로 굳이 번역한다면 촉진자, 조력자, 조정 촉진자, 학습 촉진자라고 할 수 있는데, '에프티(FT)는 '코치(coach)처럼 한국에서 영어로 표현되어도 공감도가 높아지는 표현이다.

퍼실러테이터는 1) 진행을 원활하게 하고 2) 합의를 하게 하고 3) 상호 이해가 깊어지게 하고 4) 논의가 깊어지게 하고 5) 효과적인 교육이 이루어지도록 역할을 한다.

평신도 가정사역리더십학과

제4차 산업혁명 시대는 가족의 역할과 기능이 중요하다. 이 시대는 또 가족의 형성과 유지가 그 어느 때보다 중요한 시대이다. 새로운 시대의 가족 역할에 대해 최새은 한국교원대학 교수는 다섯 가지 질문을 했는데 그 질문은 다음과 같다. 첫째, 가족의 기능은 '보편적으로 평등하게' 대체할 수 있는가? 둘째, 가족관계의 상호성은 어떻게 확보될 수 있을까? 셋째는 초지능성을 지닌 인공지능(AI)의 발달로 사람이 가장 정확하거나 적합한 정보를 만들어 낼 수 없는 시대에 우리 자녀세대는 무엇을 할 것인가? 넷째, 속도의 시대를 가족은 어떻게 살아낼 것인가? 다섯째, 공적인 것과 사적인 것의 경계는 허물어질 것인가?

이 다섯 가지 질문에 답하기 위해서 성경에서 해답을 찾고 리더십을 배우는 학과가 평신도 가정사역리더십 학과이다. 위와 같은 질문에 가장 온전한 답을 줄 수 있는 이들이 기독교 리더들이다. 이유는 가정은 사람이 아닌 하나님의 아이디어로 하나님이 주례자가 되셔서 세우셨기 때문이다(창 2:18-25). 가정이 하나님의 나라에 속하려면 결국은 하나님의 주권이 가족 구성원들 마음속에 깊이 뿌리내려야 한다. 이 관점으로 다섯 가지 질문에 교회와 가정은 어떻게 답을 할 수 있을지 연구하고 토론하는 과정이다.

평신도 전인적 영성신학과

성경적인 바른 영성이란 지식과 감정과 실천 모두를 포괄하는 전인적인 것이어야 한다. 만일 이 중에서 어느 특정한 요소만을 강조하고 다른 요소를 소홀히 여기는 영성이 있다면 그것은 바른 영성, 즉 바른 신앙과 경건이 아니다. 개인의 지성과 감정과 의지의 전인적인 균형만이 아니라 개인과 가정과 교회와 국가를 총체적으로 하나님의 말씀 위에 바르게 세우고자 하는 참된 영성은 중요하다. 전인적이며 총체적인 영성, 그것이 바로 우리가 추구해야 할 성경적인 영성이며 참된 영성이다. 따라서 지,정,의 시스템 안에서의 묵상 실천과 연구, 기도, 전도, 선교, 성화는 매우 중요한 주제들이다. 이를 다루며 전인적 영성훈련을 받는 것은 중요한 일이다.

팝문화와 신학과 대중의 삶과 대중문화의 현상에 대한 분석을 통하여 다양한 신학적 자원들을 발견하고 생활신앙을 전개해 나아갈 수 있는, 새로운 신학적 구성을 위한 창조적 과제를 찾는 연구가 중요한 시대가 되었다.

교회는 시대와 문화적 변화에 민감해야 하고, 시대를 분별하여 성도들에게 구체적 방향을 제시해 줘야 하는데 그렇지 못한 것이 현실이다. 일반은총에 대한 진지한 신학적 숙고와 인간에 대한 깊이 있는 이해가 필요한 때가 되었다. 이에 대한 깊은 연구와 성찰을 하는 학과이다.

제4차 산업혁명 시대의 교육 커리큘럼6
- 미래교육리더십학과

다음은 웨스트민스터신학대학원이 2018년 가을학기부터 제공할 미래교육리더십학과의 커리큘럼이다. 이 역시 제4차 산업혁명 시대에 필요한 4가지 지능(C.E.I.P.)을 중심으로 디자인되었다. 필자가 김선일 교수, 최은주 교수 등 선배 교수님들과 토론하여 디자인한 교과 과목을 소개한다.

제4차 산업혁명 시대의 교육

제4차 산업혁명 시대가 다가오고 있다. 인공지능, 사물 인터넷, 로봇공학, 자율주행 자동차, 3D 프린팅 등이 이 시대에 주를 이루면서 인간 삶의 패턴과 패러다임이 바뀌고 있는데 이를 위한 우리의 준비와 관심은 기술을 습득하는 것에 머무르고 있다. 이 시대에 중요한 것은 상황맥락지능, 정서지능, 영감지능, 신체지능이라고 제4차 산업혁명 시대를 선언한 클라우스 슈밥은 말한다. 이 4가지 지능(C.E.I.P.)을 위해 어떻게 교육으로 이끌어갈 것인지 연구한다.

교육 서비스와 교수자의 역할

동일한 강좌라고 하더라도 시간과 공간, 그리고 교수자에 따라 교육 서비스는 달라진다. 어떠한 변수가 있을 때 어떻게 달라지는가, 교수자는 어떤 역할을 해야 하는가. 제4차 산업혁명 시대를 맞이하면서 교육 서비스와 교수자의 역할을 연구한다. 그 한 예로 거꾸로 교실 등을 다루고 연구한다.

미래교육학

위기의 대한민국 교육, 4차 산업혁명 시대 교육환경의 변화, 미래교육 패러다임의 대전환, 미래학교, 미래교육 컨텐츠, 미래교육 정책 거버넌스의 변화, 미래교육 실천 사례 및 현장에 대해 연구하고 이를 학생이 처한 교육환경에서 실질적으로 적용하고 미래교육을 디자인하고 교육할 수 있도록 이끄는 과정이다.

거꾸로 교실

존 버그만, 애론 샘즈의 공저인 「거꾸로 교실: 진짜 배움으로 가는 길」(에듀니티) 「명견만리: 우리가 준비해야 하는 기회를 말하다」 등을 거꾸로 교실 스타일로 함께 공부하면서 거꾸로 교실이 무엇인지, 새시대의 교육이 무엇인지 연구하며 미래교육에 대한 고민의 해결점을 모색하는 과정이다.

미래의 교육, 올린

설립 15년 만에 미국 최고의 명문 반열에 오른 대학인 올린은 어떤 교육을 하는지 연구하는 과목이다. 구글, 페이스북, 마이크로소프트에서 올린의 졸업생을 앞다퉈 데려가려고 하는데 그 이유는 무엇이고 이 학교의 교육 철학과 교육 방식은 무엇인지 살펴보게 된다. 올린은 미국에서 가장 주목받는, 가장 빠르게 성장하고 있는 학교인데 학생이 주도하고 경험 중심의 교육을 해 '미래의 교육'을 현실로 만든 혁신 사례로 손꼽힌다.

온라인 거꾸로 교실

거꾸로 교실을 온라인에서도 이끌 수 있다는 것은 매력적이다. 온라인은 시간과 장소에 구애받지 않고 교육을 할 수 있기에 미래의 교육 시스템 중 가장 선두로 올라서고 있다. 미래학자인 토마스 프레이(Thomas Frey)는 "만약 우리가 어디서든 일할 수 있다면, 그것과 마찬가지로 학습도 어느 장소에서나 가능하다."라고 말한다. 2014년 미국에서만 2,400개 이상의 온라인 강좌가 개설되었다. 온라인에서 과연 어떻게 미래 교실을 운영할 수 있을지 연구한다.

제4차 산업혁명 시대의 교육/경영/조직

제4차 산업혁명 시대에 교회의 리더, 교사는 무엇을 준비하고 어떤 관점을 가져야 하는가? 새로운 시대의 교육와 리더십에 관해 토론하고 연구한다. 지금 여러분이 읽고 있는 이 책의 내용을 중심으로 연구와 토론을 하게 된다.

서번트 리더십

섬김의 리더십의 권위자인 로버트 그린리프에 따르면 최고의 리더는 '아랫사람', 즉 조직원들을 우선으로 생각하는 리더이다. 서번트 리더는 인내, 친절, 겸손, 존중, 용서, 정직, 헌신, 타인의 욕구충족 우선시와 같은 덕목을 갖춘 자이다. 그린리프의 연구와 노력으로 서번트 리더십은 학계의 관심을 집중적으로 받았다. 그린리프의 섬김의 리더십을 중심으로 서번트 리더십을 연구한다.

하브루타

하브루타의 문자적 의미는 우정, 동료이다. 유대인의 전통적인 학습 방법인 하브루타에서는 각자 분석하고 자기 생각을 시스템화하고, 이를 토론 동료에게 설명하고, 토론 동료의 이야기를 듣고 질문하면서 이전에는 생각하지 못했던 완전히 새로운 관점을 발견하는 방식이다. 학교와 가정에서 토론 동료와 대화하는 방식인 하브루타를 통해 자기주도 학습능력 향상, 사고력, 창의력을 함양할 수 있다.

핀란드 스타일의 외국어 교육

핀란드어는 한국어와 같은 우랄·알타이 어족(語族)이다. 다른 유럽 국가들과 달리 영어 익히기 쉬운 여건이 아니다. 하지만 핀란드 국민 77%가 영어를 구사하며, 낯선 외국인이 영어로 길을 물어봐도 대부분 말이 통한다. 핀란드 영어 실력의 비결은 무엇인지를 배우고 실제로 핀란드 스타일로 영어(외국어)를 배워본다.

서비스 조직의 변혁적 리더십과 거래적 리더십

변혁적 리더십은 추종자들의 기대와 인지, 동기를 공동의 목표로 향하도록 돕는 것으로 '기브 앤 테이크(주고 받기)가 핵심인 거래적 리더십과 다른 접근 방식이다. 변혁적 리더십은 각각 다른 동기가 있는 팔로워들이 개인의 목적을 달성하면서도 큰 목표달성 의식을 갖도록 이끄는데 이 두 종류의 리더십을 배우면서 과거와 현재와 미래의 서비스 조직을 재개편하도록 하는 데 집중하며 연구한다.

미래의 직업과 교육

제4차 산업혁명 시대에는 새로운 리더가 세워져야 하는데 이를 위해 직업 교육은 새로운 양상을 띤다고 한다. '리더 및 선도자(Rule Setter) 양성을 위한 직업 교육' '실패를 학습으로 연계하여 정답을 찾아가는 직업 교육' '학생, 교사(수), 근로자 중심의 직업교육' '융합산업시대의 협력적이고 신속 유연한 직업 교육' '역량과 성과 중심의 직업 교육' '학령인구를 포함한 성인, 근로자, 고령자 대상의 직업 교육' '학습과 일자리 그리고 삶의 가치를 공유하는 장소로서의 직업 교육' '학교 교육과정과 체계화된 학교 밖 학습 경험을 인정하는 직업 교육' '국내 및 국외 상호 인정 자격 중심의 직업 교육'이 진행된다고 한다. 이에 대해 알아보고 연구하는 과정이다.

문답중심교육

문답중심의 기독교 교육은 오랫동안 기독교에 긍정적인 영향을 미쳤지만, 꽤 오랜 시간 묻혀버린 교육방식이 되었다. 교리문답을 통해 기독교 교리를 배우고, 논리적인 사고를 키우고, 토론을 통해 공부하는 법을 배우고, 연구하는 과정이다.

인성중심교육

포스트모던의 사회의 교사는 지식 전달자만으로 머물러서는 안 된다. 교사는 삶과 문화에 대한 이해를 넓히고 삶의 방식을 결정하고 질적 삶을 추구하도록 돕는 역할을 해야 한다. 교사는 중세의 스승들이 담당했던 것과 같은 역할, 즉 지혜의 선각자이며, 깨달음의 조력자요, 삶의 모범의 역할을 해야 한다. 이러한 인성교육을 적극적으로 받는 교사, 또 인성교육을 하는 교사가 되기 위한 토론과 연구가 진행되는 과정이다.

세인트존스의 고전 100권 공부법

미국의 세인트존스 칼리지는 학생들이 4년 동안 고전 100권을 읽고 토론하도록 한다. 고전을 읽는다는 것은 왜 세상이 이렇게 되었는지를 볼 수 있도록 포스트모던 시대를 사는 우리에게 지혜의 샘을 안겨준다. 세인트존스의 교수들은 이 고전의 내용을 가르쳐주지 않는다. 그들은 그저 '튜터(tutor)로서 클래스에 존재할 뿐이다. 이 학교는 고전 100권을 공부하면서 스스로 고민하고, 스스로 깨닫고, 스스로 본인에게 맞는 공부 과정을 찾아내고, 스스로 배움을 얻어내도록 이끈다. 세인트존스 칼리지의 교육방식을 함께 배우고 연구하게 된다.

서비스 부문의 감정노동

서비스 노동자들이 고객들에게 표출하는 감정적 서비스의 양과 질은 '매출' 또는 '열매'와 밀접한 연관성을 갖고 있다. 기업(또는 기관)은 따라서 단순한 고객과의 상호작용의 차원을 넘어서, 감정노동을 기업(기관) 시스템 차원까지도 도입시키는 분위기다. 감정노동부문을 어떻게 기업(기관) 시스템으로 도입하고 어떻게 감정노동자를 도울지를 연구한다.

학교 폭력 예방

학교 폭력하면 어떤 생각이 드는가? 보통은 신체 폭력을 생각한다. 그러나 요즘 아이들은 신체 폭력뿐만 아니라 다양한 방법으로 학교 폭력의 가해자가 된다. 언어 폭력으로 마음을 할퀴고, 왕따를 시키고 투명인간 취급을 하는 등 간접 폭력을 가한다. 또한, 사이버 폭력을 통해 주중에도 폭력을 이어간다. 전문가들에 따르면 과거에는 신체 폭력이 학교 폭력의 주된 양상이었다면 최근에는 언어 폭력이 증가하고, 사이버 폭력, 간접 폭력이 늘고 있다고 한다. 이런 폭력에는 가해자, 피해자가 있을 뿐만 아니라 방관자도 있다. 어쩌면 우리 사회가 방관자의 모습일지 모르겠다. 학교 폭력을 예방하고 근절하는 프로그램을 준비하며 연구하는 과정이다.

프로젝트 중심 수업

학습자가 스스로 질문을 생성하고 그 질문을 중심으로 학습활동이 구성되는 방식의 수업을 배우고 연구한다. 이는 학습자들의 적극적인 학습 참여를 유도하는 도전적인 질문이나 문제를 중심으로 구성되는 수업 형태인데, 함께 프로젝트 중심 수업을 하며 발전적인 방식을 연구하게 된다.

또래교수법

또래교수법은 또래를 통해 배우는 교육법이다. 또래교수법에서 교사는 주제에 관한 짧은 강의를 하고 효과적인 질문을 한 후에 학생 또래집단이 토론을 하며 답을 찾아간다. 이러한 또래교수법은 단순히 답을 찾는 차원을 넘어 창의적인 결과에 도달하는 데 유익한 방식이므로 이를 연구하는 과정이다.

컨텐츠 서비스 제공과 경영

플랫폼 시대가 되면서 컨텐츠 서비스를 제공하는 것 역시 중요한 서비스 분야가 되었다. 포털 사이트, 검색 서비스, 뉴스 제공, 동영상 제공, 음악 제공, 소프트웨어 제공, 전자 서적 제공 등이 중요한 서비스 분야로 자리 잡았다. 컨텐츠 서비스 제공과 경영(교육)을 어떻게 조화를 이룰지에 대해 연구하고 토의하는 과정이다.

미래 교육 설계

미래 교육 프로그램을 어떻게 설계할 것인가를 배우고 직접 계획서를 작성해보는 과정이다.

미래 교육 Practicum I

미래 교육 프로그램을 설계한 후에 실제 이를 실시해보는 필드 학습으로 교수의 코칭으로 설계한 내용을 수정하며 완성해나간다.

미래 교육 Practicum II

미래 교육 프로그램을 설계한 후에 실제 이를 실시해보는 필드 학습으로 교수의 코칭으로 설계한 내용을 수정하며 완성해 나간다.

미래 교육 인턴십

미래 교육을 진행하고 있는 기관(단체)에서 인턴으로 일하는 과정이다.

제4차 산업혁명 시대의 교육 커리큘럼7 테물렝 프로젝트(다문화 교육)

필자가 운영하는 거꾸로교육 도서관에서 다문화 프로그램을 진행하면서 제4차 산업혁명 시대에 필요한 4가지 지능(C.E.I.P.)을 갖도록 하는 테물렝 프로젝트가 지난 2018년 1월 추운 겨울에 진행되었다.

테물렝은 몽골인이고 13세 남자아이다. 아직 한국어가 서툴러 한국어를 배우러 필자가 섬기는 작은도서관에 왔는데, 이 아이가 어떻게 한국어를 배우도록 할지 고민을 많이 했다. 테물렝은 한국어가 편하지 않아 현재 재한몽골인학교에 재학 중이다. 필자는 제4차 산업혁명 시대에 맞는 외국인 학생 교육을 연구해 이를 테물렝과 함께 진행했다.

테물렝은 책상에서 앉아서 하는 언어 교육을 지루하게 생각하는 아이였다. 이 아이가 어떻게 한국어를 배울 수 있을까? 이 질문을 하면서 필자는 답을 얻게 되었는데 그 답은 '흥정교실'이었다. '흥정교실'은 재래시장에 가서 물건을 사며 흥정을 하면서 한국어를 배우도록 하는 것이다. 이는 한국어를 배우는 원동력이 될 뿐만 아니라 재래시장의 상인과 흥정을 하게 함으로써 상황맥락지능을 향상시키는 역할을 한다.

테물렝과 함께 수원의 한 재래시장에 가기 전에 키가 크는 방법에 대해 알려줬다. 키가 크려면 아무리 늦어도 오후 11시에는 잠자리에 들어야 한다고 권했고, 음식을 먹을 때 우유,고등어, 과일, 채소, 김, 미역, 버섯, 호박, 계란, 소고기, 두부, 시금치가 키크는 데 좋다고 알려줬다. 테뮬렝이 음식의 모든 이름을 잘 아는 것은 아니어서 인터넷에서 사진을 보여주며 이름과 매칭을 시켜줬다. 그리고 자신의 핸드폰으로 사진을 찾아서 이름을 정확히 외우도록 했다.

곧이어 과제를 줬는데 전날 함께 사전답사를 다녀왔던 재래시장에 가서 3천원을 주고 키크는 음식을 사오게 했다. 미션 품목은 시금치 한 단, 두 부 한 모, 당근이었다.

테뮬렝은 20-30분쯤 뒤에 검정 플라스틱 봉지에 두 가지 음식을 갖고 돌아왔다. 봉지를 들여다보니 시금치 한 단과 당근 두 개가 있었다. 두부는 한 모에 2,500원이라 사오지 못했다고 했다. 시금치는 원래는 2,500원-3천 원인데 상인 아주머니에게 "제가 외국인이고 한국어 수업으로 이 미션을 수행 중인데 1천 원짜리 이상은 살 수 없어요"라고 말했더니 아주머니께서 1천 원어치만 주셨다고 했다. 그리고 당근은 1개에 500원이라 두 개를 사왔다고 했다. 그리고 시장에서 전날 알려준 키크는 음식을 사진으로 촬영해서 오라고 했는데 아주 잘 촬영해서 갖고 왔다.

테뮬렝은 힙합 춤을 배우고 싶어했다. 필자는 몸치라 댄스 교육을 할 수가 없어서 유튜브에서 힙합 춤을 가르치는 선생님의 영상을 보여줬는데 스포츠 댄스 선수였던 테뮬렝은 곧잘 따라 했다. 멘토링은 해당 분야의 전문가가 아니어도 할 수 있음을 경험했다. 필자는 동영상을 함께 보며 테뮬렝이 댄스를 따라할 때 격려하는 역할만 했다.

테뮬렝은 또한 GNS 교육이사인 박순임 선생님과 영상채팅 서비스인 줌(Zoom)을 사용해서 한국어를 배웠다. 박순임 선생님은 미국에 있고 비한국어권에 한국어를 가르친 경험이 풍부해서 테뮬렝을 무척이나 잘 가르쳤다.

상황맥락지능은 칸막이가 사라져야 높아진다. 테물렝 프로젝트를 통해 이 일에 동참한 모든 사람은 칸막이가 사라진 교육을 경험하게 되었다.

테물렝의 아버지는 몸을 다쳐 병원에 있고, 어머니는 일을 하느라 아이를 돌보기 힘든 상황이었다. 필자도 이 책을 쓰느라 너무나 정신없는 상황이었는데 하나님은 필자에게 '한 사람 철학'을 이전에 배우게 하셨기에 이 한 아이를 위해 이 책을 쓰는 일을 잠시 미루게 하셨고 정서지능을 필자에게 가르치셨다. 정서지능(공감)은 필자부터 배우라고 하시는 것 같았다. 테물렝도 어른이 되어 어려움에 부닥친 이웃들에 대해 공감을 하며 돕는 아이가 되기를 이 학습 경험을 통해 배웠기를 기대한다. 즉 정서지능과 영감지능이 회복되는 아이가 되기를 소원한다.

하나님은 제4차 산업혁명 시대의 4가지 지능을 지식으로만 가르치지 않고 몸소 체험하며 가르치게 하셨다.

다음은 '테물렝 프로젝트'의 일지다. 위 내용을 반복하는 내용이지만 그날 그날의 이야기를 생생하게 전할 수 있어 소개한다. 존대어를 사용했음을 밝힌다.

Day 1 (2018년 1월16일): 한국어 향상이 필요한 테물렝이기에 한국어에 많은 신경을 썼습니다. 일단 기초적인 대화를 하도록 미국에 계신 한국어 선생님 박순임 선생님과 줌(Zoom)으로 연결해 온라인 화상채팅을 하면서 기초 한국어를 배우도록 했습니다. 기초 한국어를 배운 후에 현장에서 배우는 한국어 프로그램을 만들어주면 좋겠다는 아이디어에 착안해 인근 재래시장에서 흥정하며 한국어를 배우는 것을 다음날부터 하면 좋겠다는 생각이 들었습니다.

예를 들어, 재래시장에 가서 어떤 어떤 것을 얼마에 사서 온다든가, 옷을 산다든가 하는 일을 첫날에는 옆에서 다니면서 동행하며 도와주고 다음 날에는 혼자 다니며 흥정하도록 하는 일종의 '흥정 학교'를 여는 것입니다. 오후 2시부터 5시까지 진행하는 오직 한 사람만을 위한 프로그램. 저는 이를 '테물렝 프로젝트'라고 이름을 붙였습니다. 테물렝 프로젝트가 시작된 것에 감사드립니다.

Day 2 (2018년 1월17일): 테물렝과 함께 재래시장에 갔습니다. 김치 가게에서 3천 원짜리 김치를 사게 했는데 일단 2천 원으로 흥정을 하게 했습니다. 아주머니는 3천 원이 최저라고 하시고 잠시 흥정하다가 결국에는 이기지(?) 못하고 3천 원으로 낙찰됐습니다.

이어 테물렝은 호떡을 주문해서 먹었고 편의점에 가서 가장 싼 컵라면이 무엇인지 물어본 후 850원짜리 컵라면을 샀습니다. 또한, 시장에서 자신이 좋아하는 음식 사진을 찍어 박순임 한국어 선생님이 계신 단톡방에 올렸습니다.

박순임 선생님은 테물렝이 찍은 사진으로 다음 주 한국어 시간에 함께 대화하게 됩니다. 재래시장에서의 흥정공부를 마치고 돌아오는 길에 테물렝에게 길거리의 간판을 읽어보라고 했습니다. 열심히 잘 읽었습니다. 저도 어렸을 때 간판을 읽으며 우리나라 말을 배운 기억이 납니다.

테물렝은 버스를 타고 용인집으로 돌아가는데 돌아가는 길에 마음에 드는 간판을 촬영해서 단톡방에 올리라는 숙제를 줬고, 엄마와 함께 오늘 좋았던 점을 나눠서 음성녹음으로 올리라고 했습니다. 테물렝 수고했다~

Day 3 (2018년 1월18일): 오늘은 테물렝과 흥정학교 2번째 시간을 가졌습니다. 먼저, 테물렝에게 키가 크는 방법에 대해 알려줬습니다. 테물렝은 또래 아이들보다 약간 키가 작습니다. 키가 크려면 아무리 늦어도 밤 11시에는 잠자리에 들라고 권했고, 음식을 먹을 때 우유, 고등어, 과일, 채소, 김, 미역,

버섯, 호박, 달걀, 소고기, 두부, 시금치가 키가 크는 데 좋다고 알려줬습니다. 테물렝이 음식의 모든 이름을 잘 아는 것은 아니어서 인터넷에서 사진을 보여주며 이름과 매칭을 시켜줬습니다. 그리고 자신의 핸드폰으로 사진을 찾아서 이름을 정확히 외우도록 했습니다. 곧이어 과제를 줬습니다. 어제 다녀왔던 재래시장에 가서 3천 원어치 키가 크는 음식을 사 오게 했습니다. 미션 품목은 시금치 한 단, 두 부 한 모, 당근.

테물렝은 20-30분쯤 뒤에 검정 봉지에 두 가지를 갖고 왔습니다. 봉지를 들여다보니 시금치와 당근 2개가 있었습니다. 두부는 한 모에 2500원이라 사지 못했다고 했습니다. 시금치는 원래 2500원-3천 원인데 상인 아주머니에게 "제가 공부 중인데 천 원짜리 이상은 살 수 없어요"라고 말했더니 아주머니께서 천 원어치만 주셨다고 합니다. 흥정성공! 그리고 당근은 1개에 500원이라 두 개를 사 왔다고 했습니다. 흥정학교 이틀째 성공적인 결과입니다. 그리고 키크는 음식들을 사진으로 촬영해서 오라고 했는데 아주 잘 촬영해서 갖고 왔습니다.

잠시 한국어 공부도 하고 산적 룰렛 게임도 했고 끝부분에는 힙합 춤도 가르쳐주었습니다. 제가 몸치라 가르쳐줄 수는 없었고 유튜브에서 힙합 춤을 가르치는 선생님의 영상(https://www.youtube.com/watch?v=-UxQZpLa7zE)을 보여줬는데 스포츠 댄스 선수였던 테물렝은 곧잘 따라했습니다. 멘토링은 해당 분야의 전문가가 아니어도 할 수 있습니다. 저는 옆에서 동영상을 함께 보며 테물렝이 댄스를 따라할 때 격려하는 역할만 했습니다. 보람찬 거꾸로 교육 작은도서관의 하루였습니다.

Day 4 (2018년 1월23일): 4일을 쉰 후, 오늘 다시 테물렝 프로젝트가 재개되었습니다. 오늘은 미국에 계신 박순임 선생님과 줌(Zoom)으로 연결해 온라인 동영상으로 한국어를 배우는 시간을 가졌습니다. 박 선생님은 테물렝이 한국어를 잘한다고 칭찬을 해주셨고 테물렝에게 용기가 많이 되었습니다. 오늘 한국어는 요일 말하기(일, 월, 화, 수, 목, 금, 토)와 날짜 말하기를 배우는 것이었고, 테물렝이 지난주에 재래시장에 간 이야기, 힙합 댄스를 배운 이야기 등을 한국어로 말하도록 이끌었습니다. 단어만 말하지 않고 완전한 문장으로 말하는 연습을 계속 진행했습니다. 어제, 오늘, 내일이라는 표현으로 날짜 말하기를 했습니다.

제4차 산업혁명 시대에는 4가지 지능(C.E.I.P.)이 필요하다고 하는데 테물렝 프로젝트는 그것을 염두에 두고 진행하고 있습니다. 상황맥락지능은 칸막이를 없애는 것이고 총체적인 지식을 얻는 일인데 이 프로젝트는 미국과 한국의 거리의 장벽을 허물었고, 재래시장에서 상인과의 벽을 허물었고, 인종과 언어와 지역을 초월한 공부로 진행되고 있습니다.

한 아이를 위한 이웃들의 깊은 사랑이 느껴지는 현장입니다. 정서지능과 영감지능이 아이에게 몸으로 체험되는 시간입니다. 오늘은 이 밖에 EFLL(효과적인 외국어 배우기)도 했고 제 둘째 성훈이와 영어를 배우는 시간도 가졌습니다.

내일은 과천에서 키즈 디자인을 하는 팀이 테물렝을 위해 수원 거꾸로교육도서관으로 이동해서 '원정 디자인 클래스'를 열어주신다고 합니다. 선생님, 부모님, 아이들이 원정을 와서 하는 디자인 클래스입니다. 원정출산은 들어봤어도 원정 디자인 클래스는 들어보질 못했습니다. 영하 15도의 정말 추운 날씨인데 마음만은 따뜻해집니다.

Day 5 (2018년 1월24일): 테물렝을 위한 특별한 날이었습니다. 원래 과천에서 디자인 수업을 하던 팀이 수원까지 원정을 와서 디자인 수업을 했습니다. 순전히 테물렝을 위한 '원정 수업'이었습니다. 테물렝은 그동안 혼자만 수업을 받다가 초등학생 친구 2명 그리고 3명의 선생님과 함께 수업하니 훨씬 더 즐거운 표정이었습니다. 스토리텔링 시간에는 함박웃음을 지었습니다. 플라스틱 통 위에 지점토를 붙이고 사람 얼굴을 디자인하는 수업을 했습니다.

디자인 수업은 이희정 선생님이 퍼실러테이터가 되어주셨습니다. 또한, 호원대학교 산업디자인학과 교수셨던 이대남 선생님으로부터 그림 수업을 간단히 받는 테뮬렝에게는 신나는 시간이었을 것으로 생각합니다. 테뮬렝은 자신이 만든 작품을 소개하는 시간도 가졌는데 저희 도서관에 온 첫날에 비해 답도 잘하고 한국말도 또박또박 잘했습니다.

테뮬렝은 예술적인 감각이 뛰어난 아이입니다. 중간에 최근 배운 힙합 댄스를 선보였는데 우리 모두 테뮬렝의 춤 솜씨에 반했습니다. 디자인 수업을 진행해주신 이희정 선생님과 미술 지도를 해주신 이대남 선생님께 감사드립니다~ 원정 수업을 동의해주신 학부모님들께도 감사드립니다.

Day 6 (2018년 1월25일): 오늘은 테뮬렝과 부모님께 편지 쓰기를 했고 쓴 편지를 들고 우체국 방문해서 편지 보내기를 했습니다. 테뮬렝에게 편지지 2장을 주면서 부모님께 편지를 쓰라고 했습니다. 부모님께 감사한 일, 미안한 일, 사랑 표현 등을 쓰라고 했습니다. 몽골어로 먼저 쓰고 다음에 한국어로 쓰라고 했습니다. 20-30분을 고민하며 썼고 번역기를 사용하기도 했습니다.

수술 후 집에 계시는 아버지에게 보내는 편지 한 장, 직장에서 일하는 엄마에게 보내는 편지 한 장을 썼습니다. 그리고 우체국에서 필요한 표현을 함께 배웠습니다. 편지봉투, 우표 등의 용어와 표현을 배웠습니다.

"편지 봉투 2개 주세요.", "일반 우편으로 보내려고 해요."

이런 표현을 배운 후에 약 20분 거리의 우체국으로 이동했습니다. 살을 찢는 듯한 추위를 뚫고 팔달문 근처의 우체국으로 갔습니다. 테뮬렝이 우체국 직원에게 묻습니다.

"편지봉투 2장 주세요."

"어, 저기에 있어요"

테물렝은 편지 봉투 2장을 받아 받는 사람의 이름과 주소를 적었습니다. 그리고 직원에게 다시 가져가서 말합니다.

"일반 우편으로 해주세요. 얼마에요?"

"봉툿값 포함해서 750원이에요."

테물렝은 갖고 온 동전 800원을 내밀었고 50원을 거슬러 받았습니다.

제가 외국에서 온 아이라고 직원분께 말해줬더니 "오~ 한국말 잘하네? 어디서 왔어요?"라고 물어봐줬습니다.

테물렝은 "몽골에서 왔어요"라고 답했습니다. 직원분께서 감사하게도 이것저것 질문을 많이 해주셨습니다. 한국에 온 지 6개월 된 테물렝에게는 새로운 경험이 많습니다. 칸막이가 사라지는 것을 경험하고 다른 사람에게 관심을 보여주는 직원을 통해 테물렝이 한국의 정을 느끼면 좋겠습니다. 테물렝이 자신이 받은 경험을 어려운 이웃에게 나눠주는 영감지능이 좋아지기를 기대합니다.

Day 7 (2018년 1월30일): 오늘은 테물렝에게 신나는 날이었습니다. 자신이 가장 좋아하는 댄스를 배우는 날이기 때문입니다. 오늘은 워킹댄스의 전문가이자 고등학교 3학년인 손지영 선생님이 오셨습니다.

테물렝은 얼마나 신나 있었는지 무려 1시간15분이나 일찍 작은도서관을 찾았습니다. 일단 선생님이 오시기 전에 댄스 플로어(무대)를 만들기 위해 책상을 옮기고 바닥 닦는 일을 했습니다. 잠시 기다리는 시간에 테물렝은 효과적인 외국어 교육(EFLL)을 했고 또 화이트보드에 그림을 그렸습니다.

도서관 바로 앞에 있는 코란도 차를 그렸는데 너무나 잘 그려서 깜짝 놀랐습니다. 테물렝은 재주가 많은 아이입니다. 보석이 우리 도서관에 왔음을 알게 되었습니다. 눈이 내리는 날 지영 선생님과 워킹댄스를 배운 테뮬렝은 즐거워 보였습니다. 댄스를 1시간30분쯤 배운 후 이날 모여든 분들 앞에서 춤솜씨를 보였습니다. 참여했던 모 선생님은 "테뮬렝은 눈썰미가 좋아 빨리 배웁니다. 너무 즐거운 시간이었고, 테뮬렝이 참 귀여웠습니다."라고 말했습니다.

테뮬렝은 또 제 둘째 아들 성훈 선생님과 영어 공부를 했습니다. 산적 룰렛 게임을 하면서 영어 단어를 말하며 찌르는 놀이를 했는데 테뮬렝에게는 재밌게 영어 공부를 하는 시간이었습니다. 영어 공부가 끝나고 두 사람은 편의점에서 테뮬렝이 좋아하는 컵라면을 먹고 왔습니다. 오늘은 테뮬렝에게 정말로 신나는 날이었습니다. 집으로 돌아가는 발걸음이 가벼워 보였습니다.

Day 8 (2018년 1월31일): 오늘은 미국에 계신 박순임 선생님과 줌(Zoom)을 통해 마지막으로 한국어 공부를 하는 날이었습니다. 오늘 테뮬렝이 해와야 할 숙제가 있었는데 자기소개였습니다.

테뮬렝은 또박또박 자기소개를 너무 잘했습니다. 박수를 받을 만큼 잘했습니다. 한 달도 안 된 시간 동안 테뮬렝의 한국어가 크게 향상되었습니다. 박순임 선생님의 노고에 감사드립니다.

한국어 공부가 끝나고 작은도서관 바로 앞의 지동 초등학교를 찾았습니다. 운동장에서 아이들이 놀고 있어서 그 아이들과 놀게 해주고 싶었습니다. 한국 아이들과 놀아본 경험이 거의 없는 테뮬렝은 쑥스러운지 바닥에 그림을 그리기 시작했습니다. 오늘 만난 아이들은 테뮬렝과 어울리려고 함께 그림을 그렸습니다. 큰 얼굴을 그리고 눈과 머리와 코와 입술을 그렸습니다. 아이들이 잘 놀아줘 감사했습니다. 테뮬렝은 어색했는지 그림만 계속 그렸습니다. 그리고 그네타기 철봉 놀이를 한 후 우리는 재래시장에 갔습니다.

테뮬렝은 "엄마가 지난번에 산 배추김치가 맛있다고 3천 원어치 사오라고 했어요"라고 했습니다. 김치 가게에서 배추김치를 사는 테물렝의 모습에 자신감이 흘러넘쳤습니다. 이제 물건을 사는 게 익숙한 듯합니다. 작은도서관에서 하는 활동 마지막 날이었습니다. 개인적으로 가장 바쁜 기간에 온 테물렝이었지만 가장 행복하고 축복된 시간이었습니다. 테물렝 사랑한다~~

Day 9 (2018년 2월1일): 오늘은 테물렝이 '슬립오버'(다른 친구의 집에서 잠을 자는 것)를 하는 날이었습니다. 작은도서관에서 디자인 클래스를 같이 했던 은교네 집에서 슬립오버를 했는데 정말로 즐겁게 지냈습니다. 안양에 있는 은교네 집에 도착해서 아이들이랑 떠들고 장난치고 놀았던 테물렝은 기억력 수업을 받았습니다.

기억력 수업을 통해 세계 나라를 가는 시간이 있는데 오늘은 몽골로 갔습니다. 참여한 아이들이 모두 좋아했습니다. 첼로도 하고 지구본을 보며 몽골이 어디인지 알아보고 서로 협업을 하는 시간을 가졌습니다. 책 수업을 통해 서로의 마음도 알아냈습니다.

테물렝이 아이들에게 몽골어를 가르쳐주는 시간도 가졌습니다. 수업이 끝나고 케이크를 자르며 만남을 축하하는 기념식도 가졌습니다. 신체놀이, 보드게임을 한 후 아이들이 테물렝을 위해 축복기도를 해주는 시간도 가졌습니다.

더욱 감사했던 것은 테물렝이 한국어로 된 그림책을 동생들에게 읽어주는 시간도 가졌던 것입니다. 테물렝이 뿌듯해하면서 동생들이 경청도 잘해줘 모든 게 아름답게 진행되었습니다. 이렇게 아름다운 기회를 얻게 되어 참으로 감사합니다. 〈안양에서 노현정 리포터〉

결론

새 시대의 교육을 준비하면서 늘 필자의 마음을 떠나지 않은 것은 기독교 세계관이 프로그램에 녹아 있는가였다. 그리고 제4차 산업혁명 시대의 리더십(FIRE LEADERSHIP)을 생각하며 진행하는지를 늘 스스로에 질문했다.

새 시대의 리더십을 생각하며 연구하고 실천에 옮길 때마다 '개념적 리더십'을 가진 자가 건전한 세계관을 통해 새 시대를 올바로 해석하고, 미션을 바로 세우고, 비전을 갖는다는 것을 알게 되었다. 즉 새 시대의 교육은 개념화가 잘 되어 있는 리더가 제대로 할 수 있다는 결론에 도출하게 된 것이다.

개념화(Conceptualization)는 무엇일까? 필자가 운영 중인 웹사이트에 개념화에 대해 소개한적이 있는데 그 내용을 중심으로 개념화를 소개해보기로 한다. 아래 내용은 이전 장에서도 간략하게 다루기는 했지만 좀 더 상세히 나누며 결론을 정리해보기로 한다.

개념화는 어떤 개념이나 아이디어를 형성하는 것을 의미한다. 개념화라는 단어에 다른 단어를 짝 지어주면 의미가 좀 더 구체적으로 와 닿는다. 예를 들어, '개념적 관점(Conceptual perspective)'이라는 표현이 있는데 이는 어떤 사람이 '일상생활의 현실을 뛰어넘어서 생각하는 것'을 의미한다.

만약 어떤 리더나 단체의 대표가 '개념적 사고 및 관점'을 갖고 있다면 그 사람은 장기적이고 폭넓은 운영 목표를 가진 사람이라고 할 수 있다. 당신이 '개념 있는 리더'라면 소속한 단체를 위해 장기적이고 폭넓은 비전을 제공할 수 있어야 한다.

만약 그날그날(또는 그 주, 그 달)의 운영에만 집중하는 리더라면 좋은 지도자가 될 수 없다. 서번트 리더십 전문가인 로버트 그린리프는 "리더는 개념적인 사람이어야 하고, 비전이 없는 세상에 비전을 제공하고 그 세상에 함몰되지 않는 사람"이라고 설명했다.[134] 멀리, 넓게 내다봐야 좋은 리더이다.

누가 개념적 리더십을 갖고 있을까? 서번트 리더십을 소유한 자가 바로 개념적 리더십을 갖게 된다. 왜 그럴까? 서번트 리더십은 어떤 스타일이 아니라 마음에서 우러나오는 남을 향한 태도이기 때문이다. 개념적 리더십을 갖기 위해서는 남을 향한 바른 태도가 필요한데 그것이 바로 서번트 리더십인 것이다. 늘 이웃에 대해 열린 마음과 배려하는 마음을 가진 자가 개념적 리더십을 가질 수 있다는 것은 우리에게 시사하는 바가 크다.

관점 또는 개념을 갖는다는 것은 넓고 깊은 사고에서 시작한다. 넓고 깊은 사고는 결국 나 아닌 남을 봐야 생기는 것이고, 나 아닌 남의 의견을 들어야 하고, 나 아닌 남의 편의를 생각해야 생긴다. 다음은 필자가 박사 논문에 썼던 개념적 리더에 관한 글인데 한국적인 상황에 맞게 약간 편집했음을 미리 밝힌다.

로버트 K. 그린리프(Robert K. Greenleaf)와 래리 스피어스(Larry Spears)가 소개한 개념적 리더십은 건설적인 사고와 관련이 있다. 개념적 리더는 복잡한 상황을 진정한 것으로 보고 상황화할 수 있다. 이는 중요한 리더십 기술이다. 개념적 기술이나 재능은 목표를 조정하고, 운영 성과를 분석 및 평가하며, 우발적인 상황을 예측할 수 있다. 많은 지도자가 이런 종류의 지도력이 부족한 것 같다. 조직의 리더들은 개념적 영향력에 대한 필요성을 예리하게 인식하지 못하고 있는 것으로 보인다. 개념화되지 않은 지도자는 복잡한 문제를 너무나 단순하게 해결하려는 성향이 있다. 그린리프와 스피어스에 따르면 개념화된 리더십의 부재는 전통적인 계층적 사회에서 만연하다. 개념적 리더들은 큰 그림을 갖고 복잡한 상황에 처한 사람들의 문제를 듣고 해결할 능력이 있다. 개념적 리더십은 오직 섬김의 마음에서만 나온다.[135]

개념적 리더십은 전통적인 계층적 사회에서는 찾아보기 힘들다는 것이 한국적인 상황에서 맞는 말처럼 들린다. 계층적 사회는 높은 사람이 있고 낮은 사람이 있어 높은 사람이 간단하게 한마디만 하면 모든 문제가 해결되는(?) 그런 사회다. 또한, 그렇게 한 마디로 빨리 요약해서 말을 잘하는 사람이 그런 사회에서 리더가 되기도 한다. 옛날에는 통했던 리더십이지만 제4차 산업혁명 시대처럼 복잡한 사회에서는 그런 리더십은 폐기처분 될 것으로 보인다.

그린리프와 스피어스가 '개념적 리더십은 섬김의 마음에서만 나온다'고 한 말은 기독교인들에게 희소식이다. 섬김의 마음을 가진 자가, 서번트 리더십을 가진 자가 개념적 리더십을 가질 수 있다는 것은 기독교인들에게 기쁜 소식이다.

왜냐하면, 기독교인은 '섬김의 왕'을 섬기고 있기 때문이다. 예수님은 '주인'이었지만 '종'처럼 행동하셨고 섬김을 요구할 모든 권한을 가졌음에도 오히려 섬김의 자리에 계셨다. 설교를 예술로 승화시켰다는 칭송을 듣는 워런 위어스비는 예수님의 섬김에 대해 다음과 같이 소개한다. "예수님은 제자들에게 명령하지 않고 오히려 섬기셨다. 예수님은 제자들에게 진정한 기독교 사역의 모범을 보이셨다. 3년의 공생애 기간 그는 여러 차례 겸손과 섬김에 대해 가르치셨고 또한 그러한 교훈을 직접 행동으로 보이셨다."[136]

또한, 마태복음 12장17-21절, 이사야서 42장1-4절, 49장1-7절; 50장 4-9절; 52장13절-53장12절, 에스겔 34장23-24절, 37장24-25절 등을 보면 예수님은 섬김의 메시아로 묘사되고 있다.

예수님이 자신의 권위를 내려놓고 인류를 섬긴 것 자체가 그를 '섬김의 왕'으로 표현할 수 있는 근거이다. 그리고 십자가에서의 죽음은 섬김의 최고봉이라고 할 수 있다.

예수님은 서번트로서의 인식을 스스로 갖고 있으셨다. 누가복음 22장27절, 마태복음 20장28절, 마가복음 10장45절을 보면 예수님의 서번트로서의 자의식을 알 수 있다.

'섬김의 왕'이 하신 설교 말씀 중에 최고의 하이라이트는 아마도 산상설교일 것이다. 다음은 마태복음 5장1절부터 15절까지의 말씀이다.

예수께서 무리를 보시고 산에 올라가 앉으시니 제자들이 나아온지라

입을 열어 가르쳐 이르시되 심령이 가난한 자는 복이 있나니 천국이 그들의 것임이요

애통하는 자는 복이 있나니 그들이 위로를 받을 것임이요

온유한 자는 복이 있나니 그들이 땅을 기업으로 받을 것임이요. 의에 주리고 목마른 자는 복이 있나니 그들이 배부를 것임이요 긍휼히 여기는 자는 복이 있나니 그들이 긍휼히 여김을 받을 것임이요 마음이 청결한 자는 복이 있나니 그들이 하나님을 볼 것임이요. 화평하게 하는 자는 복이 있나니 그들이 하나님의 아들이라 일컬음을 받을 것임이요. 의를 위하여 박해를 받은 자는 복이 있나니 천국이 그들의 것임이라

나로 말미암아 너희를 욕하고 박해하고 거짓으로 너희를 거슬러 모든 악한 말을 할 때에는 너희에게 복이 있나니 기뻐하고 즐거워하라 하늘에서 너희의 상이 큼이라 너희 전에 있던 선지자들도 이같이 박해하였느니라

너희는 세상의 소금이니 소금이 만일 그 맛을 잃으면 무엇으로 짜게 하리요 후
에는 아무 쓸 데 없어 다만 밖에 버려져 사람에게 밟힐 뿐이니라
너희는 세상의 빛이라 산 위에 있는 동네가 숨겨지지 못할 것이요. 사람이 등
불을 켜서 말 아래에 두지 아니하고 등경 위에 두나니 이러므로 집 안 모든 사람
에게 비치느니라

예수님의 산상수훈을 마음에 품고 하나님 나라를 늘 마음에 품고, 이 땅과
이웃을 바라보며 미래를 준비보는 자가 진정한 섬김의 마음을 가질 수 있다.
왜 그런가? 먼저 산상수훈의 여덟 가지 복(팔복) 중에 첫 번째 복을 읽어보자.

심령이 가난한 자는 복이 있나니 천국이 그들의 것임이요

심령이 가난함은 겸손과 낮아짐이다. 존 맥아더 목사는 심령의 가난에 대
해 다음과 같이 설명한다. "심령의 가난은 모든 축복의 기본이다. 하지만 현
대 기독교는 교만을 먹고 사는 부분이 너무나 많다. 겸손과 낮아짐 없이 그리
스도인의 삶의 은혜들이 자랄 것으로 생각하는가? 그렇다면 나무가 없는 곳
에서 열매가 자라길 기대하는 게 나을 것이다. 심령이 가난하지 않으면 은혜
를 받을 수 없다. 심령이 가난하지 않는 한 그리스도인이 될 수조차 없다."[137]
이 말을 풀어 설명하면 겸손과 낮아짐 없는 그리스도인은 상상할 수 없는
일이다. 즉 그리스도인은 '섬김의 왕'을 섬기기에 겸손과 낮아짐 면에서는 굉
장히 유리하다고 할 수 있다. 심령이 가난한 것이 '지복'(beatitude)으로 표현
되는 게 새로운 시대에는 더욱 이해가 될 것이다. 예수님은 그런 이들이 천국
을 경험하게 된다고 선포하신다.

애통하다는 것은 무엇을 의미하는가? 슬퍼한다는 것이다. 우리 죄를 슬퍼한다는 것이다. 사람들이 아는 죄뿐만 아니라 그 어느 누가 모를지라도 하나님만 아는 죄를 슬퍼하는 것이다. 그런 자는 위로를 받는다고 했다.

애통해하는 자는 교만할 수 없고 하나님의 위로를 듬뿍 받는다. 그렇기에 그런 자가 진정으로 이웃을 섬길 수 있게 된다. 참 위로를 받은 자가 참 위로를 할 수 있다. 위로는 섬김의 중요한 덕목 중의 하나다. 존 맥아더 목사의 설명이다. "성령께서 우리를 위로하시고, 성경이 우리를 위로하며, 우리는 서로를 위로한다. 우리는 진정 행복하다. 행복은 슬픈 자들에게서 온다. 슬픈 자들이 행복한 것은 슬프기 때문이 아니라, 그들의 슬픔이 위로로 이어지기 때문이다."[138]

나머지 여섯 가지 복도 같은 맥락으로 설명할 수 있다.

이렇게 팔복을 품은 자는 너무나 자연스럽게 섬김의 마음을 갖고 섬김의 자리에 서게 된다. 그리고 그들은 거기에 머물지 않고 개념적 리더십을 갖고 새 시대의 리더가 된다.

어떻게 산상수훈의 팔복을 마음에 품을 수 있을까? 어떤 존경받는 유명 목회자의 말처럼 '사람이 하나님 앞에서 도무지 의를 가지지 못하였음을 발견할 때' 산상수훈이 비로소 마음에 들어오기 시작할 것이다.

의에 주리고 목마른 자는 복이 있나니 그들이 배부를 것임이요

의에 주린다는 것은 내가 의가 없다고 생각하는 것이다. 오직 의는 하나님에게서만 나온다고 인정하는 것이다. 예수로 인해 의롭게 되었지만, 여전히 목이 마른 상태이다. 산상수훈이 마음에 들어온 자가 의에 주리고 목마른 것

이고, 목마르고 의에 주린 자가 산상수훈을 마음에 품는 것이다.

마음이 가난하고, 애통하고, 온유하고, 의에 주리고 목마르고, 긍휼히 여기고, 마음이 청결하고, 화평하게 하고, 의를 위하여 박해 받는 것은 오직 <u>인간이 하나님 앞에서 무능함을 고백하며 그의 인도하심 앞에 철저하게 낮아질 때만 가능해진다.</u>

2018년 평창 올림픽에서 윤성빈 선수가 스켈레톤 종목에서 금메달을 받았을 당시 TV 해설자는 '선수가 몸을 최대한 낮추고 힘을 완전히 뺄 때 썰매가 빠른 속도로 질주하고 이른 시간 안에 종착점에 도착하게 된다'고 설명한 바 있다.

필자의 마음속에는 그 장면과 해설 내용이 마음 깊은 곳에 남아 있다.

우리가 하나님 앞에서 힘을 빼고 최대한 낮출 때 비로소 산상수훈의 팔복을 마음에 품을 것이고, 그 결과로 서번트 리더십을 허락받을 것이다. 그 서번트 리더십이 우리 안에 진정으로 자리하기 시작하면 개념적 리더십이 조금씩 들어오게 되어 새 시대를 준비하는 온전한 리더가 될 것이다.

〈특별기고〉

제4차 산업혁명과 지역교회

- 박원희 목사

제4차 산업혁명의 시대에 접어들었다. 제4차 산업혁명 시대와 교회가 무슨 상관이냐고 묻는 사람이 있을 것이다. 이런 분은 '바울은 로마가 만들어 놓은 길을 따라 복음을 전하였음'을 제대로 이해하지 못하는 것과 같다. 역사를 되돌아보면 복음은 문명과 산업혁명의 길을 따라 전해졌고 복음이 전해진 길에 교회가 세워졌다.

로마의 길에 바울이 있었다

론 베이미(Ron Boehme)가 쓴 「제4의 선교물결」(예수전도단출판, 2017년)이란 책은 산업혁명에 따라 선교 전략이 어떻게 변화되었고 교회가 세워졌는지를 고찰하고 있다. 이 책의 내용을 토대로 필자의 생각과 함께 고찰해보겠다.

복음은 지금까지 3가지 물결 시대를 통해 전달되었는데 문명과 산업혁명의 길을 따라 그렇게 되었음을 우리는 알 수 있다.

제1물결 시대(1730-1850)는 '해안가 선교시대'이다. 이 당시 가장 중요한 인물은 진센도르프 백작의 모라비안 선교공동체와 윌리엄 캐리였다. 이들은 복음을 전할 때 당시의 문명에서 나온 도구를 최대한 활용했다. 바로 나침반,

지도, 배, 인쇄술이었다. 그들은 나침판과 지도를 사용해 배를 타고 해안가 지역으로 이동해 복음을 전했다. 자연스럽게 해안 도시 중심으로 교회가 세워졌다.

제2물결 시대(1850-1930)는 '내지 선교 시대'이다. 이 당시 가장 중요한 인물은 데이빗 리빙스턴, 허드슨 테일러, 존 모터, C.T. 스터드, D.L. 무디 등이다. '내지 선교 시대'에서 가장 중요한 선교운동은 서구에서 펼쳐진 '대학생 자원 운동'과 '여성들의 선교참여 운동'이었다.

제2의 물결 시대에 주요한 문명의 변화는 산업혁명이었다. 제1, 2차 산업혁명으로 인해 유럽과 미국에서는 경제적으로 여유 있는 중산층이 생겨났다. 상업 거래와 원료 공급이 활발해지면서 거대한 부가 축적되자 세계 선교에 투입할 수 있는 자금도 그만큼 늘어났다.

그리고 귀족층에 한정되었던 교육은 대중을 향한 교육이 되었다. 이로 인해 대학생 수가 크게 늘어났다. 대학생들은 세계 선교에 중요한 인물이었다.

제1, 2차 산업혁명은 증기기관, 전기가 개발되면서 공장에서 기계생산 방식을 도입한 것으로 촉발됐다. 증기기관 개발, 전기 개발과 기계화로 짧은 시간 내에 더 튼튼한 운하를 건설하는 것이 가능해졌고 도로망도 확충됐다. 1830년대에는 철도가 놓였다. 19세기의 첫 20년간은 금속 기계의 발달로 경제도 덩달아 성장했다. 제1, 2차 산업혁명은 유럽과 북미 지역의 국가들이 부강해지고 중산층이 두터워지게 했다.

당시 기독교 선교사들도 산업 혁명의 수혜자였다. 석탄 화력 증기선 덕분에 이동이 빨라지고, 내륙에는 증기기관차가 어디든 들어갈 수 있게 되었다. 질병 치료에 필요한 의약품 조달 또한 원활해졌다. 산업 혁명으로 삶의 수준이 높아지자 선교 사역에 헌금하는 사람이 늘었다. 제1,2 차 산업혁명은 잉여적 자원과 중산층을 양성하여 선교의 새로운 시대를 열게 되었다. 그리하여 각 나라의 육지의 깊은 곳까지 교회가 세워지게 된 것이다.

제3의 물결 시대(1930-현재)는 제2차 산업혁명과 제3차 산업혁명의 겹쳐진 상황에서 일렁거렸다. 제2차 산업혁명 시대의 석유, 제3차 산업혁명 시대의 컴퓨터가 최고의 발명품 또는 발견품목이었다. 그리하여 종족 선교, 전문인 선교, 자비량 선교, 단기선교가 발전했다. 이 시대의 가장 중요한 선교 인물은 도널드 맥가브란, 캐머런 타운센드, 랄프 윈터 등이다.

이 시대는 이른바 학문의 전문화가 이루어지는 시대이다. 따라서 전문인 사역의 시대가 열렸다. 동시에 석유산업의 발전으로 인해 잉여자본이 축적되어 중산층이 본격적으로 등장했다. 평신도들이 자비량으로 선교할 역량을 갖추게 된 것이다. 이에 따라 자비량 선교의 전략이 나오게 됐다. 민족 단위(내지 선교)에서 종족 단위의 변화는 교통수단의 변화에 기인한다. 전 세계를 하루 안에 다닐 수 있는 비행기의 발전은 종족 단위의 복음을 가능하게 했다. 민족 단위가 근대국가의 국민의 단위라면 종족 단위는 민족집단 안의 분화에 따른 단위이다. 이는 장기선교가 아닌 단기선교가 가능한 시대를 열었다.

또한, 이 시대에 컴퓨터의 발명으로 문서를 입력하여 정보처리 하는 기능이 단순해지고 빨라져 정보를 축적하고 전파하는 과정이 이전과는 완전히 달라졌다. 영상 매체의 발명, 텔레비전의 발명 등도 선교의 방법과 지형을 바꿔놓았다. 예를 들어, 영화 '예수'를 전파함으로써 복음을 전하는 방식이 도입되었다. 대학생선교회(CCC)에서 제작한 영화 '예수'를 보고 주님을 구주로 영접하는 일이 4초마다 일어나는 놀라운 사건이 터졌다. 이는 하루에 2만 1,000명, 한 달에 63만 명, 1년에 750만 명이 예수를 구주로 영접했다. 이는 사도 바울도 생각하지 못한 방식이다.

제3의 물결 시대에는 경제의 부의 축이 서양에서 동양으로 옮겨지면서 서구 중심의 선교 시대가 아시아 중심의 선교 시대로 전환되는 변혁을 경험하게 되었다. 선교계나 신학계 안에 아시아 선교, 혹은 아시아적 신학이란 논의가 다루어지기 시작했다.

앞서 나눈 것처럼 제3의 물결 시대에는 종족 단위의 교회가 입양되거나 개척되도록 지형이 바뀌었다.

문명과 산업혁명에 따라 바뀐 선교

우리는 문명과 산업혁명에 따라 선교의 지리적 개념이 바뀌었다는 것을 알게 됐다. 해안가 선교에서 내지 선교로, 그리고 종족 선교로 그 지형이 바뀌었고 선교의 도구와 선교의 주체도 바뀌었음을 역사를 통해 알게 되었다.

이제 우리의 관심사는 제4차 산업혁명 시대로 옮겨진다. 제4차 산업혁명 시대는 선교의 지형을 어떻게 바꾸어 놓을까? 이는 지역교회의 지형을 어떻게 바꾸어 놓을까? 이는 모든 그리스도인의 관심사이다.

선교의 궁극적인 목적은 교회를 세우는 것이다. 즉 Church Planting이다. 제4차 산업혁명 시대는 선교와 그 궁극적인 목적인 교회 개척의 전략을 바꿔 놓을 것인가? 이에 대한 답을 하기 위해 우리는 이미 와 있는 또는 앞으로 다가올 제4차 산업혁명 시대에 대한 이해를 해야 한다.

제4차 산업혁명 시대는 무엇인가?

2016년 1월 열린 다보스 포럼(학자, 정치가, 기업인 등이 모여 세계 경제에 대해 논의하는 포럼)에서 제4차 산업혁명을 다음과 같이 정의 했다.

"제4차 산업혁명은 디지털 혁명에 기반을 두어 물리적 공간, 디지털적 공간 및 생물학적 공간의 경계가 희석되는 기술융합 시대이다"

필자는 이 정의가 가장 잘 표현된 제4차 산업혁명의 정의라고 생각한다.

제4차 산업혁명 시대는 ICT(정보통신기술)와 플랫폼이라는 도구를 이용하는 시대이다. ICT는 Information and Communication Technology의 약자로 정보통신기술이다. 이는 하드웨어, 소프트웨어, 정보기술(IT) 서비스, 통신서비스 등을 포괄하는 산업이다.

쉽게 이야기해 보면 다음과 같다.

제3차 산업혁명은 컴퓨터 시대였다. 당시에는 정보 처리 기술이 가속화되었다. 이러한 정보처리기술은 선교 및 교회 정보를 정리하고 수집하는 일에 있어서 획기적인 발전을 주었다. 하지만 이는 정보의 교환이나 창조가 아니었다. 정보를 빨리 계산하고 수집하고 처리하는 기술이었다.

그러나 제4차 산업혁명은 생산공정과 생산제품 안에 ICT 기능이 들어간다. 정보를 수집하고 처리하는 차원을 넘어선 정보의 소통이 이뤄지는 것이다. 정보 간의 소통이다. 이것이 우리가 말하는 인공지능(AI)이다.

자동차를 예를 들면 자동차를 만들 때 사람이 들어가는 것이 아니라 인공지능 벨트가 들어가 스스로 작업을 한다. <u>정보가 머물러 있지 않고 커뮤니케이션을 하는 것이다.</u> ICT 기술의 확장으로 3D 프린터로 인공관절도 만들고 귀의 고막도 만들고 심지어 건축도 한다.

인공지능(AI) 또는 ICT의 생산구조는 대량생산이 아니라 각 개인의 취향에 따른 자동차 또는 제품을 이른 시간 안에 만들어 빠른 배송까지 가능하다. 드론으로 전 세계 어느 곳이나 택배 하는 시스템도 가능하다. 아마존은 이미 드론을 통하여 전 세계에 배송하는 시스템을 구축하여 세계물류를 지배할 생각을 하고 있다.

생산공정의 ICT 기술 또는 인공지능의 참여는 지금까지의 근대적 산업의 지형을 바꾼다. 또한, 생산 벨트에만 ICT 인공지능이 들어가는 것이 아니라 생산된 제품 안에도 ICT 인공지능이 들어간다.

그래서 우리는 핸드폰으로 전 세계와 연결하며 소통할 수 있게 되었다. 우리가 사용하는 핸드폰 안에는 수많은 앱이 들어간다. 날씨, 건강, 뉴스, 공부, 재정설계까지 할 수 있게 되어 있다.

자동차는 단순히 이동수단이 아니다. 자동차를 타게 되면 우리 뇌의 상태, 건강상태, 일정 등을 알려주고 소통하는 최첨단 기술이 들어간다. 자동차와 사람 사이에, 그리고 내가 탄 자동차와 수많은 사물, 대상과의 관계망이 자동차 안에 있는 기능들을 통해 이루어진다. 정보와 사람이 소통하고 정보와 정보가 소통하는 시대가 오는 것이다.

플랫폼의 시대

다른 하나는 플랫폼이다. 제2차와 제3차 산업혁명 시대에는 플랫폼(Platform)이 하나였다. 예를 들어, 기차역 플랫폼은 단순히 기차를 타고 내리는 곳이었다. 그러나 제4차 산업혁명 시대에는 플랫폼이 하나가 아니라 다층(multilayer)이다.

기차역에 가보면 영화관, 목욕탕, 식당, 카페, 도서관 등 수많은 플랫폼이 하나의 플랫폼 안에 있다. 이런 플랫폼들이 따로따로 있는 게 아니라 이를 전 세계적으로 연결하고 소비되고 소통되는 것이 제4차 산업혁명 시대의 플랫폼이다. 플랫폼과 플랫폼이 만나면서 새로운 플랫폼으로 끊임없이 생성(becoming)된다.

제4차 산업혁명 시대에는 고착화는 사라지고 통합과 생성이 일반화된다. 우리는 스마트폰 앱을 통해 수많은 플랫폼이 탄생했음을 경험했다. 우리는 이미 스마트폰으로 공부하고, TV를 보고 영화를 보고, 대화를 하고, 물건을 주문하고, 요리 정보를 얻고 있다. 그리고 조만간 빅 데이터가 달린 인공지능(AI)은 우리와 부분적으로 교감하며 상담까지 해줄 것이다.

제4차 산업혁명 시대의 또 다른 예를 들어보면 자동차 소유 개념이 사라진다는 것이다. 우리가 지금 하루에 자가용 자동차를 이용하는 시간은 10-20%밖에 되지 않는다. 나머지 80-90%는 주차 공간에서 아무것도 하지 않는다. 공간과 자원이 소모되고 있다.

자율주행 자동차가 대중화되면 이런 일이 사라지게 된다. 자율주행 자동차는 내가 필요할 때 내 눈앞에 있을 것이다. 그리고 내가 원하는 곳으로 알아서 데리고 갈 것이다. 자율주행 자동차를 타는 중에 나는 오늘 있었던 일에 대한 상담과 건강체크, 힐링을 위한 음악 서비스를 받게 되고 또한 인공지능으로부터 위로의 말을 듣게 될 것이다. ICT 기술을 통해 오늘 아이들은 어떤 일을 했는지, 아내의 기분은 어떤지, 아내가 지금 무엇 때문에 고민하고 있는지도 알려줄 것이다.

그리고 안마 기계는 안마도 해줄 것이다. 집에 도착하면 그 자동차는 다른 사람에게 가서 새로운 서비스를 제공하게 된다. 내가 하는 일은 원하는 자동차 종류를 고르면 되는 것이고 이용대금은 가상화폐나 온라인 결제로 지불하면 된다. 자동차의 소유 개념은 사라지고 자동차는 이동수단의 차원을 넘어선 소통의 공간을 제공하고 안락함을 선사할 것이다. 이것이 플랫폼 시대의 한 좋은 예라고 할 수 있다.

4차 산업혁명 시대를 선교적 관점으로 해석하기

플랫폼 시대를 선교적 관점으로 생각해보자. 성경 번역선교회(WBT)의 경우 컴퓨터 덕분에 성경을 번역하는 속도가 굉장히 빨라졌다고 한다. 전 세계에는 총 6,909개의 언어가 있다. 위클리프는 '한 팀이, 한평생, 한 언어를'이라는 신조를 가지고 전 세계의 언어로 성경을 번역하는 사역을 하고 있다.

그들은 약 120년 후인 2150년이 되면 성경이 모든 언어로 번역될 것으로 예상했다. 그런데 휴대 가능한 컴퓨터와 인공위성 안테나의 등장으로 그 기간이 120년 이상 앞당겨졌다. 예전에는 위클리프 선교사들이 가족이나 팀을 데리고 오지로 들어가서 수십 년간 언어를 배우며 성경 번역에 매달렸다. 그러나 지금은 인공지능(AI)을 사용해 2025년이면 세상 모든 언어로 성경 번역이 끝날 것이라고 한다.

위클리프의 지도자인 폴 에드워즈(Paul Edwards)는 "우리는 유사 이래 가장 가속도가 붙은 시대를 살고 있다"며 성경 통번역도 속도가 빨라질 것을 예상했다. 실제 통역기 또는 번역기가 대중화되는 추세라는 것이 이런 전망을 뒷받침해준다.

이제부터 제4차 산업혁명 시대의 '증강세계'(Augmented World, AW)에 대해 논하고자 한다. 제4차 산업혁명 시대는 ICT 융합기술과 플랫폼을 통해 만들어내는 '증강세계의 시대'라고 필자는 생각한다.

우리는 가상현실(Virtual Reality, VR)이란 말은 많이 들어보았다. 컴퓨터를 이용해 만들어내는 가상적인 공간, 인물, 사물 등이 가상현실이다. 증강현실(Augmented Reality, AR)은 현실에 가상현실을 덧붙인 것이다.

예를 들어, 포켓몬고 게임은 현실세계를 배경으로 가상현실의 게임이 이루어지는 것이다. 가상세계는 과거에는 상상 속의 세계였다. 상상 속의 세계는 동화나 만화에서 자주 그려냈다. 예를 들어, 미키 마우스, 신데렐라, 피노키오, 피터 팬 같은 상상의 인물과 세계를 글이나 영상으로 만났다. 이런 가상의 세계를 오프라인에서 만나도록 한 것이 디즈니랜드였다. 디즈니랜드는 가상과 현실이 공존하는 오프라인 증강현실이다.

필자는 가상현실(지금 정의하고 있는 VR은 협소한 의미이다)의 광의적 의미를 '상징세계'라 부르도록 하겠다. 여기서 '상징세계'는 단순한 상상의 세계가 아니라 제4차 산업혁명 시대가 만들어 내는 '이미지 세계'이다. 상징세계는 그림 언어(picture language)로 이뤄져 있다. 제4차 산업혁명 시대는 이미지 세계 또는 그림 언어로 이뤄진 세계인 상징세계를 현실세계와 접목하여 새로운 세계를 만드는 시대이다. 이것이 필자가 말하는 증강세계(Augmented World, AW)이다.

예를 들어보자. 카톡방으로 성경통독을 운영하는 나의 제자가 있다. 3천 명의 팔로워들이 그 성경통독 공부를 카톡에서 하고 있다. 8-10명이 한 그룹을 이뤄 카톡 방안에 함께 성경통독하고 기도제목을 나눈다. 이들은 과연 현실세계의 사람인가 가상세계의 사람인가? 필자는 이들을 상징세계의 사람으로 부른다.

카톡방에 있는 그 사람들은 현실세계에서 만나지 않는다. 하지만 함께 성경통독을 하고 기도하고 삶을 나눈다. 그들은 가상의 세계나 현실세계가 아닌 증강세계에 있는 것이다.

다른 예를 들어 보자. 우리는 운전할 때 내비게이션을 보고 운전한다. 소위 '내비'에 나오는 지도, 또는 3D 영상을 보고 운전하는 것이다. 내비에서 나오는 영상은 실재일까 가상일까? 실재도 아니고 가상도 아닌 증강된 현실을 보고 있다. 운전자는 몇 km 앞에 펼쳐질 속도제한 구역을 볼 수 없지만 내비게이션이 미리 그것을 볼 수 있게 하는데, 이것이 바로 증강된 현실을 경험하는 좋은 예라고 할 수 있다.

제4차 산업혁명 시대는 상징세계(이미지 세계)가 현실세계를 이끌어 증강시켜 버리는 폭발적인 힘을 가지게 되었다. 과거에 상상세계는 신화라든지, 어린이 동화라든지, 전설의 고향 정도에서 그려지는 그야말로 상상 속의 세계였고, 현실과 동떨어진 미신 혹은 마술의 세계로 처리되었다. 하지만 <u>제4차 산업혁명 시대는 이런 상징세계가 현실세계를 지배하고 증강시켜 버리는 놀라운 일이 우리 눈앞에 펼쳐지게 했다.</u>

상징이 소비를 결정하는 시대

또한 제4차 산업혁명 시대는 상징이 소비를 결정하는 시대이다. 장 보드리야르(Jean Baudrillard, 1929-2007, 프랑스 철학자)는 현대사회는 기호(sign)를 소비하는 사회로 본다. 기호(sign)는 상징이다. 루이뷔통 가방 중 1,000만 원 이상을 호가하는 가방이 있다. 이건 가방이 아니라 기호(sign)이다. 이것을 소유하면서 이 기호가 현실의 나를 증강시켜 주는 것이다. 즉 명품을 소비함을 통하여 현실의 나는 다른 이미지(picture language)로 증강되어 버리는 것이다. 이런 이미지는 수 없이 생성되고, 소비될 것을 유혹한다.

이는 과거의 생산이나 가치 기준과 크게 차이가 난다. 애덤 스미스에서 칼 막스에 이르기까지 물건의 가격은 생산가치로 정해졌다. 즉, 노동자의 시간, 노동력, 원자재 가격 등이 생산한 물건의 가격을 정했다. 가치 기준에 새로운 변화는 존 메이너드 케인스의 연구로 밝혀졌는데 케인스에 의하면 노동자의 시간, 노동력, 원자재 가격이 아닌 소비가 가격을 결정하기 시작했다. 수요에 의해 공급가치가 정해지는 것이다. 아무도 사주지 않으면 그 물건의 원가와 노동력의 가치는 중요하지 않게 되었다.

이렇게 가치 기준이 바뀌었던 시대적 상황에서 제4차 산업혁명 시대에는 기호(상징)에 따라 가치가 바뀌는 급격한 변화를 경험하게 된다. 우리가 차를 몰고 도시로 나가면 수많은 네온사인과 광고를 보게 된다. 이는 기호 언어(상징 언어)이다. 이 그림 언어(상징 언어)는 궁극적으로 소비자들에게 소비되기를 기대하게 된다. 영상의 수많은 기호(상징)들은 우리에게 소비되기를 기대받는다.

우리는 유명 연예인들의 실체를 만나지 않지만 소비해주기를 기대받는다. 실제 만나는 존재가 아니지만, 미디어에서 생성된 상징적인 인물을 만나는 것은 미디어에 복제된 이미지를 소비하는 것이다. 시뮬라크르(simulacra, 복제된 이미지)가 실재가 되었고 그것을 소비한다. 상징을 소비하고 가상을 소비한다.

플랫폼의 집결 장소 스마트폰

제4차 산업혁명 시대는 상징세계라고 했다. 이러한 상징들은 플랫폼에 집결된다. 플랫폼은 기호(상징, 이미지)의 생성, 유통, 소비를 모두 해결한다. 플랫폼이란 소비의 슈퍼 플루이드(superfluid)이다. 슈퍼 플루이드는 아무런 마찰 없이 기차가 유동하듯이 흐르는 '초유동성'이란 의미로 플랫폼은 국가의 장벽 없이 슈퍼플루이드를 이끈다.

우리가 갖고 있는 스마트폰은 수많은 기호(상징, 이미지)를 생성한다. 교육, 강의, 역사, 정치, 군사, 의학, 일상의 삶들도 스마트폰 안에서는 기호(상징, 이미지)이다. 스마트폰의 기호(상징, 이미지) 세계는 증강현실로 이어진다.

대한민국 사회는 2018년 '#미투'(Me Too, 성폭력 피해자들이 SNS를 통해 자신의 피해를 고발하는 현상)를 경험했다. 성추행(성폭력)에 대한 여성들의 폭로를 핸드폰에서 소비하게 된 현실세계는 미투(Me too)의 증강세계가 됐다. 스마트폰이라는 플랫폼들의 집결 도구가 없었다면 이러한 '미투' 운동이 퍼지기 힘들었을 것이다.

아이들은 가상세계의 예술이라고 할 수 있는 영화에서 이순신을 배운 뒤 현실 세계의 역사탐방을 한다. 상징세계에서 배운 역사가 현실세계를 통해 증강현실로 나타난 것이다.

필자는 증강현실을 만들어내지 않는 직업군은 사라질 것으로 전망한다. 앞으로의 현실세계의 직업군 중 45%는 사라진다고 한다. 물론 증강세계를 만들지 못하는 상징세계도 소멸할 것이다. 현실에 바탕을 두지 못하는 가상세계는 거품이기 때문이다. 증강세계를 만들지 못하기 때문이다. 비트코인이 증강세계를 만들지 못하면 거품이 될 것이다. 교육도 증강세계를 만들어내지 못하는 교육은 사라질 것이다. 선교 정보도 증강세계를 만들지 못하는 것은 필요 없는 정보가 될 가능성이 크다.

제4차 산업혁명 시대가 만들어 내는 세계는 증강세계이다. 한 가지 부연한다면 상징세계와 현실세계가 만나 만드는 증강세계는 굳어진 세계가 아니라 늘 생성되고 변화한다. 사라졌다 만들어지고 새롭게 재탄생되어 형성되어지는(becoming) 세계이다. 그러므로 각 플랫폼을 융합하고 창조하여 새로운 증강세계를 만드는 일이 다양하게 일어날 것으로 보인다.

지역교회(Local Church) 어디로 갈 것인가?

지역교회(Local church)란 말은 현재 있는 그 지역을 포함하고 있어야 한다는 뜻이다. 교회는 '하나성, 사도성, 보편성, 거룩성'이라는 속성을 그 지역 안에서 갖는다.

그런데 제4차 산업혁명 시대에는 '지역'의 의미와 판도가 바뀐다. 우리는 지역의 의미와 판도가 바뀌는 것을 이미 역사를 통해서 경험했다. 농경문화에서 근대산업을 통해 도시가 탄생하면서 지역의 의미와 판도가 바뀌었다.

한 예로 도시 중심의 산업세계는 지리적 지형 개념이 사라지기 시작했다. 그래서 지역 주민이 누군지를 규정하는 것은 도시 안에서 어려운 일이 되었다. 지역의 의미와 판도가 바뀌면 교회가 세상에 다가서는 방식도 바뀐다. 예를 들어, 3.0 인더스트리(제 3차 산업혁명)의 지리적 개념에서는 윈도우(window)를 달았다. 한 예로 지역사회 봉사라는 윈도우(창)를 달아 지역 주민과 소통하려고 했다. 지역사회 봉사라는 윈도우(창)을 달아 지역 주민에게 복음의 가치를 흘려보내고자 한 것이다. 또한, 대안학교를 만들고, 지역 아동센터를 만들고, 카페를 만들고 문화센터를 만들어 세상과 소통하는 윈도우(창)을 달았다. 오프라인적인 창을 단 것이다.

3.0 인더스트리 지형인 도시는 익명성을 갖고 있으며 그들의 삶은 공간의 지형 안으로(아파트는 한 지역 안에 있지만, 공간의 격리로 익명성이 보장된다) 숨겨졌기 때문에 윈도우를 교회가 달아 그들을 지역교회 안으로 오게 하고 지역의 사람들을 섬기려고 했다. 필자는 이것을 3.0 윈도우 교회라고 부른다.

그런 가운데 현재 한국교회 중에는 3.5교회(3차 산업에서 제4차 산업의 지형 변화 가운데 있는 교회)들이 등장하고 있다. 필자가 아는 한국 교회의 한 목사님은 재난구호단체 NGO를 만들고 재난이 나면 그 현장에 바로 간다. 그리고 교회 예배 시간에 재난 현장에서 교회 공동체의 예배를 연결한다. 그리고 그 재난의 현장을 바로 보여주고 자신이 느끼고 있는 고통을 그대로 전달한다.

1인 방송이 가능한 시대이기에 문자적 선교 정보가 아니라 현재의 선교 정보를 이미지로 바로 처리하여 보여주는 것이다. 성도는 증강세계를 체험하며 선교지의 급박성을 더욱 느끼고 간절한 기도를 하게 된다.

필자가 아는 다른 교회는 한 달 새벽기도회 동안 전 세계에 파송한 선교사들과 만난다. 설교도 인터넷 라이브 영상 또는 녹화된 영상으로 선교사님들이 하거나 선교사님들이 선교 현장의 모습을 보여주고 기도제목을 나누는 방식으로 새벽기도회를 한다. 직접 파송한 선교사들만 연결하는 것이 아니라 연고가 없었던 다른 선교사들과 연결해 서로 기도하고 선교기도축제를 여는 것이다.

또 다른 예를 들어본다. 한국의 1만5000여 개 교회와 영상으로 연결해 새벽기도회를 함께 기도한다. 잠실이나 여의도에 있는 체육관에서 만나지 않고 영상을 통해 1만5000여 개의 교회들이 함께 기도에 동참하고 참여한 교회 중에 연약한 교회가 있다면 그 교회를 위해 기도하고 공동으로 헌금한 재정을 흘려보내기도 한다. 1만5000개의 교회 중에는 해외나 선교지에 있는 교회들도 참여하고 있다. 이것은 상징세계를 통해 현실세계를 접속하는 교회이다. 이런 교회를 필자는 3.5 이미지 교회라고 부른다. 이 역시 증강세계를 통해 보편적인 교회의 협력을 추구하는 좋은 예인 것이다.

증강세계라는 새로운 지형

제4차 산업혁명 시대는 지형을 완전히 바꾸어 놓는다. 즉 증강세계가 새로운 지형이다. 교회는 플랫폼의 세계에 들어가 현실 교회를 만나게 함으로써 증강현실로 이끄는 것이 중요하다. 플랫폼이 지역 교회의 지역이 되었다는 이야기이다. 교인들은 자신의 삶을 살아가는 지역이 '우리 동네'에 그치지 않는다. 교인들은 카톡, 밴드, 페이스북, 인스타그램 등 수많은 가상공간인 기호(상징, 이미지) 지역의 거주자들이다.

교회 리더들은 이 기호(상징, 이미지)의 지역으로 들어가야 한다. 기호 지역의 거주자들이 현실 교회와 만나, 하나님 나라라는 진정한 증강현실로 갈 수 있도록 인도해야 한다. 필자는 이를 4.0 플랫폼 교회라고 부른다.

이런 일을 할 때 물론 교회의 본질은 절대 변하지 않는다. 거룩성, 보편성, 하나성, 사도성은 절대로 변하지 않는다. 그리스도의 몸인 교회의 본질은 변하지 않는다. 하지만 문명과 산업혁명의 흐름에 따라 지역의 구도는 변한다. 지역의 의미는 변한다.

성경에는 바벨탑 사건 이후 두 인종이 등장한다. 자신의 영역, 공간을 끊임없이 넓히려는 바벨탑의 족속들이다. 이들은 식민지 시대를 통하여 세계를 정복했고 이제는 바벨탑이라는 상징세계를 통하여 더 크고 넓은 공간으로 가고자 한다.

다른 하나의 종족은 아브라함의 종족이다. 아브라함 종족은 바벨탑 종족들의 공간 안으로 들어가 하나님 나라의 복을 전달하는 종족이다. 증강세계는 하나님 나라를 만들지 못하는 인간의 기호(상징, 이미지) 세계이다. 즉 바벨탑 족속들의 세계다.

교회는 무엇을 할 수 있을까? 교회는 현실세계와 가상세계를 융합한 증강세계를 가장 잘 이끌 수 있다. 증강세계의 최고봉은 하나님 나라이기 때문이다. 다가올 하나님 나라(그리스도인에게는 실재이지만 비신자에게는 가상세계처럼 여겨짐)와 지금 우리 안에 있는 겨자씨 같은 하나님 나라(현실세계)가 만나는 증강세계를 성도가 가장 잘 알 수 있다. 진정한 증강세계인 하나님 나라를 만나는 플랫폼을 만들기 위해 교회는 무엇을 해야 할 것인가?

필자가 꿈꾸는 매칭 플랫폼 선교

제4차 산업혁명 시대에 태어난 '호모 폰 사피엔스'(Homo Phone Sapience, 필자는 이들을 상징세계 종족이라고 부른다)는 제2차 산업혁명 시대에 태어난 옛

세대와 언어가 통하지 않는다. 제2차 산업혁명 시대의 사람들은 문자 언어에 익숙하지만 호모 폰 사피엔스(상징세계 종족)는 그림언어 혹은 상징 언어에 익숙해져 있어 언어의 충돌이 나타난다. 기호소비와 상징세계를 살고 소비하는 세대와 현실세계를 살아가고 소비하는 세대와 충돌이 일어난다.

한국교회 선교사들은 대부분 2.0 교회- 3.0교회의 세대이고 선교 전략도 그 지역 관점에 머물고 있다. 따라서 선교 현장에서도 신세대에게 접근할 길이 막혀 있고 새로운 선교 동원력도 없다. 새로운 지형이 된 상징세계와 상징세계에 살아가는 호모 폰 사피엔스 종족에 접근하지 못하고 있다.

우리가 전도적 사명을 가져야 할 종족은 미전도 종족이 아니라 상징세계 안에 살아가는 종족이다. 이런 큰 그림을 보지 못하면 앞으로 점점 선교가 어려워질 것이다. 현실적으로 선교사들이 전 세계적으로 대대적인 추방을 당하고 있다. 현실세계에 선교사들은 노출되어 있고 그 나라의 삶에 도움을 주는 증강현실에 대한 고민이 없기 때문이다.

우리가 있는 지역은 다층계층, 다층지역, 다중문화가 있기에 건물 교회가 필요하다. 교회 건물을 통해 오프라인 만남이 필요하고, 예배는 하나님 앞에 인격적인 만남이며 교우들과의 사귐 또한 삼위 하나님의 교제 안에 인격적인 교제로 이어가야 하기에 모임의 공간은 필수적이다.

그리고 여전히 인근 주민들을 위한 윈도우(창)도 필요하다. 윈도우를 통하여 교회는 지역의 오프라인 지형을 구축해야 한다. 하지만 더 나아가 플랫폼이나 상징세계 안으로 들어가야 한다. 예를 들어, 카톡 성경통독을 한다든가, 교인들의 다양한 은사에 따라 교육 상담, 성 상담, 가정 상담, 재정 상담이라는 수많은 플랫폼을 만들어 상징세계의 종족들과 접촉하고 만나야 한다. 상징세계의 종족들이 상징세계의 선교사와 교회를 통하여 현실의 오프라인 교회로 나오게 해야 한다. 그렇게 함으로 하나님 나라라는 오리지널 증강세계로 갈 수 있도록 만들어야 한다.

건물 교회(2.0 Building Church)로부터 시작해야 할지, 윈도우 교회(3.0 Window Church)로부터 시작해야 할지, 3.5 이미지 교회(3.5 Image Church)로 시작해야 할지, 플랫폼 교회(4.0 Platform Church)로부터 시작해야 할지는 성령의 인도하심에 따라 각각 부르심 받은 공동체가 결정할 일이다. 교회는 성령이 발생하는 그리스도의 몸이기 때문이다.

필자는 선교적으로나 교회적으로 '매칭 플랫폼 선교'(Matching Platform Mission)가 탄생해야 한다고 믿는다. 선교사들은 의료, 교육, 은퇴, 자동차 렌트, 게스트 하우스, 후원 등 수많은 선교적 환경이 필요하다. 이런 선교적 환경을 도와주는 여러 플랫폼을 온오프라인 속에 매칭(matching. 배합)하여 선교사들이 플랫폼 환경을 통해 선교할 수 있도록 해야 한다.

매칭 플랫폼 선교(Matching Platform Mission)에 대해서 이 책에서 상세히 다룰 수 없으나 지금 기존에 존재하는 기독교 플랫폼을 서로 매칭하여 선교사들의 요구에 매칭해주는 미션이다. 선교사들의 각각의 상황이 다르기 때문에 그 상황에 맞는 플랫폼을 만들어주고 섬기는 것이다. 물론, 온-오프라인의 매칭 플랫폼이기에 증강현실로 선교사들에게 엄청난 선교적 유익으로 나타날 것이다.

상징세계를 통하여 세계 여러 선교지에 플랫폼 처치 플랜팅(Platform Church Planting)하는 방법을 만들고 시도해야 한다. 30억 인구가 현재 핸드폰을 사용하고 있다. 30억 인구는 핸드폰을 통하여 상징세계에서 서로 만나고 있다. 이 숫자는 기하급수적으로 늘어날 것이다. 굳이 많은 선교사가 종족으로 들어갈 필요가 없다. 토착인을 세우고 상징세계를 통하여 현지 지도자들을 세워나가는 일들이 더 효과적이고 바람직하다. 한 선교사가 파송 받아 현지에 나갈 때까지의 시간과 경비, 위험 노출 등은 고비용이다.

상징세계 안에 가상교회를 건축하고 상징세계 선교사를 세워나가는 플랫폼 미션을 위한 엔지니어링 선교팀이 절실히 요구된다.

4.0 플랫폼 교회를 세울 수 있도록 도와주는 4.0 미션 엔지니어링 팀이 필요하다. 나는 아직 한국교회 안에 이런 4.0 미션 엔지니어링 팀을 만들었다는 소식을 접해보지 못했다.

이 책의 저자인 박병기 목사가 운영하는 GNS(mygns.org/oc)는 4.0을 추구하는 신학교육 및 일반교육을 하는 플랫폼이다. 나는 GNS가 플랫폼 교회를 세워나가는 엔지니어링 팀을 구성하기를 원한다. 더 나아가 필자가 구축하고자 하는 성경통합 플랫폼(가칭 PBS)과 GNS가 함께 구축할 플랫폼 안에 복음을 전하고 상징(가상)세계에 가상교회를 구축해서 증강현실로 이어지는 선교 전략과정을 만들고자 한다.

노파심에 말하지만, 가상교회는 현실세계의 인격적인 만남이 있는 그리스도의 몸인 교회에 연결고리 교회(Matching Church)이지, 성경적인 정의의 교회는 아니다.

필자는 상징세계를 통한 선교를 위해 함철훈 작가와 함께 VAI(Visual Art Institute)를 설립하려고 한다. VAI는 가장 기본적으로 디지털 카메라를 통한 2.0에서 4.0 산업까지의 온-오프라인를 묶을 수 있는 플랫폼 복음이다.

디지털 카메라는 상징언어이다. 상징언어는 상징세계에서 소통되며 여러 변형을 통하여 증강산물로 나타난다. 스티브 잡스는 애플은 예술이라고 했다. 애플이라는 핸드폰 안에는 제4차 산업의 ICT가 들어가 있고 ICT를 기술을 통해 인문학(스토리텔링) 가치로 표현하고자 한다. 그렇지만 애플을 통해 구현하는 것은 예술이다. 예술은 궁극적으로 상징언어(picture language)이며 상징세계의 소통언어이다. 애플은 제4차 산업시대의 세계의 언어가 되는 것이 꿈인 셈이다.

사진학교에서 만들고자 하는 52주 사진학교 프로그램은 어린아이부터 어른까지 가능한 언어이며 30억 신세대 종족(Homo Phone Sapience)을 인종과 종교, 계층,직업, 민족을 초월하여 연결할 수 있는 온오프라인 프로그램이다.

이 사진언어는 교육, 인문학, 자연과학, 예술, 신학에 이르기까지 모든 지형의 플랫폼을 통합하고 생성되어지는(becoming) 언어이다. 더 나아가 현실을 증강하여 진정한 증강세계인 하나님 나라를 만나도록 한다. 더 쉽게 말하면 사진 동영상 플랫폼인 인스타그램은 아주 단순한 상징언어이다. 이미지들의 조합이다. 여기에 교육, 인문학, 자연과학, 예술, 신학의 언어들이 접목되는 새로운 인스타그램 플랫폼이 필자가 만들고자 하는 'VAI PHOTO PLATFORM'이다. 필자는 이 프로그램을 개발하고자 하는 꿈을 갖고 있다.

결론

제4차 산업혁명 시대는 우리가 살아가는 지형을 바꾸었다. 증기기관선박, 기차, 비행기가 복음의 지형을 바꾸었듯이 제4차 산업 혁명은 우리 삶의 지형을 상징세계와 현실세계를 통해 증강세계로 이어지는 세계로 바꾸었다.

그러므로 지역교회(Local Church)의 '지역'도 바뀌었다. 우리는 그 지역에 맞게 복음을 전해야 한다. 선교의 교회 개척(Church Planting)의 지형이 종족 안에 있는 가상과 현실세계를 통한 증강세계에 있음을 알고 선교전략을 바꾸어야 한다.

이미 옛 선교전략은 역사가 되고 있다. 문명과 혁명의 변화가 우리에게 하나님 나라를 더 강력하게 만드는 하나님의 섭리였듯, 제4차 산업혁명은 전 세계적인 복음의 지형을 바꾸는 기회가 될 것이다. 진정한 증강현실(증강세계)은 하나님 나라이기 때문이다.

아담이 타락한 후, 이 세계는 하나님 보시기에 가상세계에 불과하다. 예수님이 이 세계로 들어와 하나님 나라를 구축하였듯이 우리는 바벨탑 종족이 만들어 놓은 세계로 들어가 그리스도의 복음을 전해야 한다. 증강세계의 끝은 그리스도의 나라이기 때문이다.

마라나타!

그리스도의 오심 안에 결정적 승리가 교회 안에 있다.

Next Wave Mission, Next Wave Church가 점점 다가오고 있다.

준비할 때이다.

* 필자소개: 박원희 목사는 한양대학교 기계공학과를 졸업했고 대학 시절 한국대학생선교회(CCC)를 통해 그리스도를 영접한 후 캠퍼스 복음화에 힘쓰며 제자를 양육했다. 가톨릭대학교 대학원에서 중세철학의 아버지 안셀무스(Anselm of Canterbury) 연구로 석·박사 과정을 마쳤고, 중세철학회 정회원으로 활동하고 있다. 총신대학교 신학대학원(M.Div.)을 졸업한 뒤 안산동산교회 부목사로 사역했다. 현재는 낙도선교회의 대표로 섬기고 있다

이 책과 연관된 글모음

풋볼 영화 'Facing the Giants'와 5차원 전면 교육

기자(박병기)는 원동연 박사의 5차원 전면 교육 세미나에 13시간 정도 참여했다. 서울대학교 공과대학을 졸업하고 한국과학기술원(KAIST) 재료공학과에서 석사 및 박사학위를 받았던 원 박사는 한국원자력연구소 초전도체 연구원장이었던 과학자였다. 원자력 분야에서는 권위자였던 그가 교육계에 투신하게 된 사연이 있다. 그는 1990년대에 중학교 2학년생이었던 아들로부터 '아빠 같은 사람이 되고 싶지 않다'는 말에 충격을 받고 바른 교육이 무엇인지를 연구하기 시작했고 그 결과 5차원 전면 교육 프로그램이 탄생했다.

원 박사는 교육을 전공하지 않았지만, 그가 개발한 5차원 전면 교육은 인간의 삶을 고차원적으로 만드는 힘이 있다는 것을 이번 세미나에서 알게 됐다. 나름대로 괜찮은 삶을 살아왔다고 자부했던 기자는 이번 세미나를 통해 그야말로 '완전히 박살이 났다.' 인생을 아무렇게나 살았다는 것을 느끼게 됐던 것이다.

원 박사는 DIA 대학(총장: 안정헌)에서 주최한 이번 세미나 기간 내내 "마치 동물농장에 온 것 같다."고 농담을 했지만 기자는 농담처럼 들리지 않았다.

동물처럼 살았던 내 삶에 대한 후회가 밀려왔다.

5차원 전면 교육의 핵심은 한 번뿐인 인생에서 승리하려면 꿈이 있어야 하고 꿈을 이루려면 힘이 있어야 하는데 그 힘을 얻기 위한 실천적인 방법을 나누는 것이다. 그 힘은 ▷지력 ▷심력 ▷체력 ▷자기관리력 ▷인간관계력 등 5가지로 이를 위한 실천 커리큘럼이 25가지가 있다고 원 박사는 소개했다.

그는 "중요한 것은 5차원 교육의 이해가 아닌 5차원적으로 변화되는 것"이라고 강조했다.

그런데 세미나를 들었던 비슷한 시기에 5차원 전면 교육을 이해할 수 있는 풋볼 영화를 보게 됐다. '페이싱 더 자이언츠'(Facing the Giants)는 셰어우드 침례교회의 마이클 캣 목사가 제작한 영화로 소요 예산이 10만 달러에 불과한 초저예산으로 제작됐다. 그 영화는 그러나 개봉 첫 주에 흥행수익 12위에 오르고 주말에 140만 달러의 수익을 올리는 등 대박을 터뜨린 바 있다. 중요한 것은 이 영화가 대박을 터뜨린 게 아니라 그 내용이다.

이 영화는 그랜트 테일러라는 고등학교 풋볼 코치가 매년 하위권에 머물렀던 팀을 주(State) 우승팀으로 이끈다는 내용인데 테일러 코치가 팀을 재건하는 과정은 5차원 전면 교육의 그것과 흡사하다. 보통 풋볼팀에는 90명 이상의 선수가 있는데 샤일로 고교는 선수 숫자가 30명 안팎이고 모두 패배의식에 휩싸여 있었다. 테일러 코치는 결단하고 샤일로 고교 풋볼선수들의 사고방식과 운동 능력을 바꾸기로 한다. 가장 먼저 시도된 일은 테일러 코치 자신이 바뀌는 것이었다.

변화된 코치는 선수들에게 '이기고 지는 게 중요한 게 아니라 온 정성을 다한 것의 중요함'을 기독교 신앙적으로 설명을 하고(지력) 이러한 새로운 목표의식에 의지력과 세계관의 정립을 심어주면서(심력) 연습 강도 강화의 중요성을 강조한다(체력). 그리고 언어 및 태도의 관리, 시간관리(자기 관리력)를 통해 에너지를 적절히 분산케 하면서 인간 관계의 회복을 이끈다(인간 관계력). 이 학교의 한 풋볼 선수는 아버지를 찾아가 그동안 아버지의 권위를 인정하지 않고 내 멋대로 살겠다는 자세를 유지한 것에 대해 미안하다는 말을 해 인간관계의 회복에 성공한다.

그리고 감동을 한 아버지는 풋볼팀을 적극 지원하기로 하고 자주 시동이 걸리지 않아 애를 먹였던 풋볼 코치의 자동차를 익명으로 교체해준다. 이처럼 다원적 전면 교육이 시행되면서 시즌을 3패로 시작했던 샤일로 고교는 이후 전승을 거뒀고 주 챔피언십에서 도저히 이길 수 없을 것 같았던 상대를 극적으로 누르고 우승을 차지하게 된다.

인생에서 성공하는 자는 많지만 승리하는 자는 많지 않다. 스포츠계에도 성공하는 사람이 많이 보이지만 승리하는 삶을 사는 인물은 드물다. 원 박사는 이렇게 설명했다. "한국인은 영어 성적은 좋으나 영어를 할 줄 모르고, 역사지식은 많은데 역사의식은 없고, 과학성적은 높은데 과학적 사고방식을 하지 않으며, 윤리 성적은 높은데 윤리성이 결여되어 있고, 체육 성적은 높으나 건강하지 않다."

성공한 사람이 승리한 사람이 아님을 알 수 있는 좋은 예다. 승리하는 삶이 무엇인지를 알 수 있는 좋은 기회였다.

[미주 중앙일보 2007년 5월 23일자. 글 박병기]

존 우든의 리더십

UCLA(University of California, Los Angeles) 하면 생각나는 존재가 있다. 바로 존 우든(John Wooden) 감독이다. 미국 대학 농구를 조금이라도 아는 사람이라면 그가 대학 농구(NCAA)의 신화적인 인물이라는 것을 인지하고 있을 것이다.

우든 감독은 60년대에서 70년대까지 UCLA를 대학 최강팀으로 이끈 그야말로 '전설'(Legend)의 감독이다. 대학 농구 매니아와 올드 타이머들의 기억 속에는 그가 마이클 조던과 같은 존재로 남아 있을 정도다.

그의 코치 경력은 너무나 화려하다. NCAA 10회 우승, NCAA 7년 연속 우승, NCAA 최다 연승(88연승) 등 수많은 기록을 가지고 있다. 아마 이 기록들은 영원토록 깨지지 않을 것이다. 우든은 자신이 세운 기록만큼 독실한 크리스천으로도 잘 알려져 있다. 지금도 많은 감독, 코치들이 연구하는 그의 농구 철학은 기독교적인 신앙이 기본이 됐다는 것을 모르는 사람이 없다.

필자는 1994년 캘리포니아주 엔시노(Encino)에 위치한 우든 감독의 자택을 방문 그의 '농구 철학'을 들어보았다.

우든 감독은 88세로 인생의 황혼기마저 훨씬 넘긴 삶을 살고 있다. 그는 다른 노인처럼 잔병이 많고 관절염으로 고생(의자에서 일어날 때 반동을 이용해서 일어날 정도)을 하고 있지만, 나이에 비해 비교적 건강한 편이다. 이렇게 건강하게 움직일 수 있어 주중에는 강연을 주로 하고 남는 시간에는 독서와 집필에 몰두한다. 주말에는 가족(자녀 2명, 손자 7명, 증손자 10 명)과 함께 시간을 보낸다고 한다(아내는 12년 전 세상을 떠났다).

UCLA농구팀이 경기를 할 때면 꼭 참석해 현역 코치들에게 자신의 노하우를 설명해 준다. 기자는 다른 것보다 먼저 그의 인생 철학을 질문했다. 그는 기다렸다는 듯이 꼼꼼하게 설명을 했다.

"평생 죽음을 준비하면서 사랑하며 겸손하게 사는 것이 나의 인생 철학입니다. 하나님이 주신 평화와 사랑은 내 인생에 가장 큰 영향을 끼쳤지요. 이런 철학은 아버지께서 어린 시절 주신 7가지의 신조를 마음속에 간직하면서 생겨났습니다."

그가 말하는 7가지 신조란 다음과 같은 내용이다.

첫 번째, 너 자신에 진실해라.
두 번째, 하루하루의 삶을 멋지게 살아라.
세 번째, 이웃을 도와라.
네 번째, 좋은 책을 많이 읽고 특히 성경책을 벗삼아
        정독하라.
다섯 번째, 친구와의 관계를 예술 작품처럼 생각하고
        아름답게 가꿔라.
여섯 번째, 힘든 날을 대비해 준비를 해둬라.
일곱 번째, 나에게 내려진 하늘의 축복에 대해 감사해라.

"저는 아버지께서 주신 이 7가지 신조를 소중히 간직하며 이것에 맞게 살려고 최선을 다했습니다."

우든은 이 7가지 신조를 토시하나 틀리지 않고 외우고 있었다. 그는 이 7가지를 발전시켜 우든 스타일의 '성공을 위한 피라미드'를 만들었다. 이 피라미드는 인생에서 성공을 위한 그의 노하우를 정리한 것인데 결국 가장 중요한 것은 각 항목이 종합되어 기도로써 이뤄져야 한다는 것이 그의 설명이다. 이 피라미드 차트는 성공한 많은 스포츠 스타, 코치, 감독들에게 큰 영향을 끼쳤다.

그는 현역 감독 시절 성경을 항상 가지고 다녔다. 손바닥만한 성경을 들고 어려움에 처해지면 말씀에 의지했고 틈만 나면 '매일의 말씀'(Daily Word),

'다락방'(Upper room) 같은 신앙지를 읽었다고 한다.

"마음이 혼란스러울 때 우울해질 때 나쁜 일에 대한 유혹을 받았을 때 항상 말씀을 읽었습니다."

그는 캘리포니아주 산타모니카에 위치한 퍼스트 크리스천 교회에서 집사로서 오랫동안 봉사했다. 그곳에서 신앙생활이 성숙해 갔는데 당시 담임 목사이던 웨일즈 스미스는 어린 시절 친구였는데 신앙적인 도전을 많이 주었다.

우든은 이밖에 프랭크 데이빗슨 목사에게서 신앙 지도를 받았던 것을 감사하게 생각하고 있었다. 특히 데이빗슨 목사로부터 받은 작은 십자가는 그가 극도로 긴장된 순간마다 주머니에 넣고 마음의 평화를 간구하는데 큰 도움을 주었다.

"농구 경기가 막판 숨 막히는 순간으로 가면 감독들은 의지할 곳이 없습니다. 선수들은 감독에게 의지하면 되지만요. 저는 그럴 때마다 십자가를 꼭 잡았습니다. 그리고 기도를 했습니다. 내 감정을 잘 제어할 수 있게 해달라구요. 그러면 마음의 평안이 찾아왔습니다."

"전설의 감독이라고 불릴 때마다 어떤 생각이 드는가?"라는 필자의 질문에 우든은 다음과 같이 답했다.

"나는 나 자신을 한 번도 전설이라고 생각한 적이 없고 단지 화려한 성적을 올렸던 농구팀의 좋은 코치, 좋은 교육자로 기억되길 원합니다. 전설적인 코치가 아닌 어린 선수들이 자신들의 능력을 충분히 발휘하도록 도운 좋은 코치로 기억되고 싶은 것입니다."

그는 말을 이었다.

<u>"저의 목표는 젊은 선수들을 훌륭한 농구 선수로 만드는 것뿐만 아니라 한 단체의 도움이 되는 일원, 나아가서는 훌륭한 시민이 되도록 교육하고 그들이 나이 들어서의 인생을 조화롭게 살 수 있도록 기본적인 가르침을 전달하</u>

는 것이었습니다."

실제 그의 제자들은 프로 농구에 진출하지 않은 경우 의사, 목사, 공무원 등 사회에 도움을 주는 사람이 되었다. 그리고 우든의 제자는 95% 이상 대학을 졸업했다. 그의 '삶은 화려한 생활보다 더 길기 때문에 농구를 통해 다른 교육을 할 필요가 있다'는 생각이 낳은 결과였다. 그는 현역 감독 시절 선수들과 '부자 관계'(Father-Son Relationship)를 유지했다. 우든은 "코치는 조련사·승부사이기 이전에 부모 같은 마음을 가져야 한다. 내가 부하·선수·직원을 관리한다면 그들의 감정적인 것, 정신적인 것 등 모든 것을 함께 나눠야 한다."고 설명했다.

그는 이어 "요즘 대학 농구 코치들이 연간 수백만 달러의 연봉을 받는 것은 교육자로서 자격을 잃은 것"이라고 강조했다. 일개 농구 코치가 학장보다 더 많은 돈을 받는 것은 직책을 이용해 개인의 이익을 챙기는 것이라는 것.

실제 그도 현역 시절 나이키와 같은 신발 회사로부터 거액을 받고 선수들에게 그 신발을 신도록 하는 유혹을 많이 받았다고 한다. 그러나 그는 삶의 원칙을 저버리고 싶지 않았다. 그리고 지금 전혀 후회하지 않는다.

우든이 살았던 콘도는 이러한 그의 삶을 잘 설명해준다. 우든과 같은 전설적인 감독이 수백만 달러의 대저택에 살지 않고 너무나 평범하고 소박한 곳에 있다는 것이 신기할 정도였다. 우든 그는 정말 특별한 사람이었다.

[크리스천 헤럴드. 1996년 10월 31일. 글: 박병기]

〈저자소개〉

저자 박병기는 현재 웨스트민스터 신대원에서 서비스경영교육학과와 미래 교육리더십학과를 담당하고 있다. 일반학과 담당이지만 신학과에서는 '4차 산업혁명 시대의 리더십과 교회', '일의 신학' '연구방법론' 등을 강의하고 있다. 저자의 세계관은 성경과 교리학습을 통해 형성되었다. 개혁주의 신학을 추구하며 개혁교리(웨스트민트서 대요리문답, 하이델베르크 요리문답, 도르트 신조 등)를 공부하면서 1년 3회 통독을 목표로 하고 실천 중이다. 성경과 교리학습 외에 그의 기독교 세계관에 영향을 미친 저자는 여러 명이지만 그 중 대표적인 인물은 아브라함 카이퍼, 리처드 마우, 팀 켈러, 마이클 호튼 등이다.

위 저자들 외에 그가 시대를 읽는 데 도움을 준 저자는 서번트 리더십의 대가인 로버트 그린리프와 현대 경영학의 아버지인 피터 드러커다. 시대를 읽는 눈은 현장에서 체험을 통해 배우기도 한 저자 박병기는 미주중앙일보와 크리스천 헤럴드에서 기자와 편집장으로 일하면서 세상과 교회를 읽는 눈을 훈련받았다. 그는 90년대 후반부터 2000년대 중반까지 인터뉴스라는 온라인 매체를 세워 대표와 편집장으로서 디지털 커뮤니케이션을 현장에서 배우기도 했다.

신학을 공부하기 전에는 UCLA에서 언어학을 전공했고 신학은 풀러신대원과 콜롬비아복음신대원 그리고 바키대학원에서 했다. 바키대학원에서는 변혁적 리더십(Transformational Leadership)으로 박사 학위를 받았다.

미 육군 군목(Reserve)을 역임했으며 미국 캘리포니아주 얼바인에 있는 베델한인교회에서 4년 6개월간 전임사역자로서 공동체 사역, 소그룹 사역, 제자훈련 사역 등을 담당했다.

현재는 웨스트민스터 신대원에서 강의하면서 굿뉴스 스프레더스(GNS)의 대표, 거꾸로미디어 출판사의 대표, 거꾸로미디어연구소의 소장, 그리고 거꾸로교육도서관 관장으로 섬기고 있다. 이 4개의 플랫폼을 통해 매칭 플랫폼 미션에 동참하는 것이 저자의 꿈이다. 그의 또다른 꿈은 낙도에 들어가 선교하는 것이다

<h1>〈주〉</h1>

1 피터 드러커, 프랜시스 헤셀바인 & 조나이더 컬, *피터 드러커의 최고의 질문* (서울: 다산북스, 2017). 17.

2 Sinclair B. Ferguson and J.I. Packer, *New Dictionary of Theology* (Downers Grove, IL: InterVarsity Press, 2000), 569-572.

개혁주의 신학은 개혁주의 교회의 교리문답과 신앙고백서에서 발견된다. 예를 들어, 웨스트민스터 신앙고백 및 교리 문답서가 그중 하나다. 개혁주의 신학은 16세기 프로테스탄트주의 안에서 발전했다. 하나님 중심 사상이 개혁주의 신학의 핵심 주제다. 인간의 온전한 지식은 하나님의 지식의 빛 안에서만 얻을 수 있으며 구원은 온전히 하나님의 일하심에 의해 얻어지는 것이며 사람의 전인격과 공적 생활은 하나님의 주권 아래에 있어야 한다고 설명하는 것이 개혁주의 신학이다. 개혁주의 신학은 인간의 모든 삶은 말씀 안에 있는 하나님의 명령에 따라야 함을 강조한다. 16세기에 태동한 개혁주의 신학은 잠시 주춤하다가 19세기 미국, 독일 등지에서 다시 살아났다. 찰스 핫지, B.B. 워필드, 아브라함 카이퍼, 헤르만 바빙크 등이 개혁주의 신학이 살아나는 데 기여했다. 특히 카이퍼는 자신의 신학을 공론화시키는 역할을 했고 대학과 신문을 창설하고 정당을 세우고 수상이 되면서 개혁주의 신학을 세상에 소개했다.

3 피터 드러커, 프랜시스 헤셀바인 & 조나이더 컬, 110.

4 Ibid. 149.

5 Ibid., 177.

6 Ibid., 177.

7 조지 앨든 래드, *하나님 나라의 복음* (서울: 서로사랑, 2009). 7.

8 Ibid., 7.

9 김태일, "4차 산업혁명을 대비하는 교육정책," *한국정책학회 기획세미나* 2017, no. 1(2017), http://kiss.kstudy.com/search/detail_page.asp?key=3501000. 6.

10 박병기, "풋볼 영화 Facing the Giants와 5차원 전면 교육," *미주중앙일보*(2007년 5월22일

2007), http://www.koreadaily.com/news/read.asp?art_id=470619.

[11] Byung Kee Park, *Transformational Journalism: A New Era for Journalists* (Seoul: Gugguro Media, 2017). Kindle Locations 2362-2365.

[12] Park, Kindle Locations 2360-2362.

[13] V. rao, *Alternative Education* (APH Publishing Corporation, 2008). 5-7.

[14] Yoshiyuki Nagata, *Alternative Education : Global Perspectives Relevant to the Asia-Pacific Region, Education in the Asia-Pacific Region* (Dordrecht: Springer : Asia-Pacific Educational Research Association, 2007). 113.

[15] 클라우스 슈밥 외 26인, *제4차 산업혁명의 충격* (서울: 흐름출판, 2016). 25.

[16] *CBS 초대석 52회 이어령 교수*. Directed by 박원근. CBS, 2017. https://www.youtube.com/watch?v=A78U5rKC_Ns

[17] Ibid, 18분-20분.

[18] Ibid, 25분-26분.

[19] 리처드 마우. *Christian Worldview and Contemporary Challenge*. 파사데나: 풀러신대원, 2005. 필자의 개인노트.

[20] Ibid.

[21] Ibid.

[22] 마이클 호튼, *개혁주의 기독교 세계관* (서울: 부흥과 개혁사, 2010). 37.

[23] Ibid., 41.

[24] Ibid., 96.

[25] 웨인 그루뎀, *꼭 알아야 할 기독교 핵심 진리 20* (서울: 부흥과 개혁사, 2006). 6-7.

[26] *차이나는 클래스: 제4차 산업혁명 나랑 뭔 상관?*, directed by 정선일.

[27] Ibid.

[28] KBS 〈명견만리〉 제작팀, *명견만리: 우리가 준비해야 할 미래의 기회를 말하다 〈윤리, 기술, 중국, 교육 편〉* (서울:(주)인플루엔셜, 2016). 153.

[29] Ibid, 157-158

[30] 유승우, "[미국을 다시본다](6)소프트 파워 전략," 한국일보 (2002년 4월23일, http://www.hankookilbo.com/v/8ee6b815a59d45b8af73fafb7c075d41).

[31] Ibid.

[32] 슈밥, 52.

[33] 닛케이 BP사, *세상을 바꿀 테크놀로지 100* (서울:(주)도서출판 나무생각, 2017). 266.

[34] 슈밥 외 26인, 25.

[35] 립슨 & 컬만, *미래를 바꿀 100년 만의 산업혁명 3d 프린팅의 신세계*. 260-261

[36] 조병학 & 박문혁, *2035 일의 미래로 가라* (서울: 인사이트 앤, 2017). 85.

[37] 료스케 이즈미다, *구글은 왜 자동차를 만드는가* (서울: 미래의 창, 2014). 138

[38] IBM, "Blockchain basics: Introduction to distributed ledgers" (2017년 8월21일, https://www.ibm.com/developerworks/cloud/library/cl-blockchain-basics-intro-bluemix-trs/index.html)

[39] 이즈미다, 29.

[40] 돈 탭스콧 & 알렉스 탭스콧, 29.

[41] Ibid., 27.

[42] 변지영, " '전자 투표'에 '블록체인' 기술 활용한다," *산업일보* (2018년 1월18일, http://www.kidd.co.kr/news/199600).

[43] Ronald T. Azuma, *A Survey of Augmented Reality, Presence: Tele operators and Virtual Environments 6, 4* (August 1997). 355-385.

[44] 브렛 킹 외, *증강현실: 현실 위의 현실, 슈퍼 리얼리티의 세계가 열린다* (서울: 미래의 창, 2016), 82-83.

[45] 슈밥, 228-229.

[46] 돈 탭스콧 & 알렉스 탭스콧, 251.

[47] Ibid., 251.

48 Ibid., 252.

49 Ibid., 263.

50 Ibid., 352.

51 마셜 W. 밴 앨스타인, 상지트 폴 초더리 & 제프리 G, 파커, *플랫폼 레볼루션* (서울: 부키(주), 2017). 32.

52 Ibid. 102.

53 Ibid. 286-288.

54 Ibid. 453.

55 D. Stillman and J. Stillman, *Gen Z Work: How the Next Generation Is Transforming the Workplace* (HarperCollins, 2017). 2.

56 장주영 & 이현택, "스마트폰 쥔 신소비 권력…Z세대가 가족 지갑 움직인다," *중앙일보* (2017년 1월16일, http://news.joins.com/article/21126902).

57 Koulopoulos, Thomas M. and Dan Keldsen. *The Gen Z Effect : The Six Forces Shaping the Future of Business. Brookline*, MA: Bibliomotion, books + media, 2014. Kindle Locations 3512-3517.

58 박성우, "혁명은 시작됐다… 2020년 초연결 사회," *조선닷컴* (2017년 6월27일, http://biz.chosun.com/site/data/html_dir/2017/06/26/2017062601805.html?rsMobile=false).

59 Koulopoulos, Thomas M. and Dan Keldsen. Kindle Locations 3516-517.

60 강경준, "'마이크로 창업' 붐… Z세대가 일하는 방법," *머니투데이* (2018년 3월12일, http://news.mt.co.kr/mtview.php?no=2018030909455020089.)

61 KBS 〈명견만리〉 제작팀, 298.

62 김기표, "4차 산업혁명과 학교교육," *평화학논총 6, no. 2* (2016, http://kiss.kstudy.com/search/detail_page.asp?key=3501337.76).

63 마사히로 후쿠하라 & 고이치로 도쿠오카, *제4차 산업혁명 인공지능 빅데이터* (서울:(주)경향비피, 2016). 70-71.

64 Ibid.

212

65 매일경제기획팀 & 서울대 빅데이터 센터, *빅데이터 세상* (서울: 매일경제신문사, 2014). 240.

66 리처드 서스킨드 and 대니얼 서스킨드, *제4차 산업혁명 시대 전문직의 미래* (서울: 와이즈베리, 2016). 359.

67 안하늘, "Kt 부산 '기가지니' 아파트 미리 가보니…," *아시아경제* (2017년 7월18일, http://www.asiae.co.kr/news/view.htm?idxno=2017071811203406129).

68 *차이나는 클래스: 제4차 산업혁명 나랑 뭔 상관?*, directed by 정선일.

69 Ibid.

70 리처드 서스킨드 & 대니얼 서스킨드. 384.

71 이승철, "디지털적 사고가 과학적 사고," *사이언스타임스* (2003년12월27일).

72 Evegny Kaganer, Sieber, Sandra, Zamora, Javier "The 5 Keys to a Digital Mindset," *Forbes* (2014, https://www.forbes.com/sites/iese/2014/03/11/the-5-keys-to-a-digital-mindset/#1def288b2ee0).

73 *차이나는 클래스: 제4차 산업혁명 나랑 뭔 상관?*, directed by 정선일.

74 안하늘, "Kt 부산 '기가지니' 아파트 미리 가보니…."

75 박영숙 & 제롬 글렌, *세계미래보고서 2055* (서울:(주)비즈니스북스, 2017). 150.

76 미래전략정책연구원, 286.

77 박영숙 & 제롬 글렌, 151.

78 김성현, *교과 수업, 틀을 깨다* (서울: 도서출판 지식프레임, 2017). 21.

79 함유근, *이것이 빅데이터 기업이다* (서울: 삼성경제연구소, 2015). 236.

80 이강봉, "눈앞에 다가온 빅데이터 학습…뉴턴," *사이언스타임스* (2013년 8월23일, http://www.sciencetimes.co.kr).

81 리처드 서스킨드 & 대니얼 서스킨드. 352.

82 제프 고인스, *일의 기술* (서울: CUP, 2016). 76.

83 리처드 서스킨드 & 대니얼 서스킨드. 352-353.

84 '상황 맥락 지능'은 알게 된 것을 현재 처한 상황에 적용하는 지식적 능력이다. 각종 정보를 종합

해 현 상황에 맞는 합당한 결론으로 이끌어내는 능력이라고 할 수 있다. 이는 독단적으로 결정하지 않고 네트워크를 통해 다양한 의견을 접할 수 있는 환경 안에 있어야 얻을 수 있다. '정서지능'은 인지한 것과 감정을 정리해 협력 관계로 이끄는 지능으로 이 지능이 잘 발휘되는 리더의 조직은 창의성이 굉장히 높아지게 된다. '영감지능'은 공공의 목표를 온전하게 이끌어가고 발전시키는 지능으로 구성원 상호 간의 신뢰를 이끌어낼 수 있는 능력이다. '신체 기능'은 압박감을 느끼는 환경에서도 평정심을 유지하는 기능으로 건강과 행복이 키워드다.

85 클라우스 슈밥, *클라우스 슈밥의 제4차 산업혁명* (서울: 새로운 현재, 2016). 251.

86 남영학, *스스로 변하고 조직을 혁신하고 문제를 해결하라 : 팀과 나의 가치를 올려주는 변화 혁신 문제해결 지침서* (서울:(주)미래와경영, 2012).

87 슈밥, 255.

88 Ibid., 255.

89 Ibid., 257.

90 리처드 마우, 필자의 개인노트에서.

91 Ibid.

92 앤서니 후크마, *개혁주의 인간론* (서울: 부흥과 개혁사, 2012). 307.

93 Ibid., 308.

94 데이비드 L. 도르리치, 피터 C. 카이로, & 스티븐 H. 라인스미스, *세계일류기업은 어떻게 리더를 양성하는가* (서울: 나래북, 2012). 9.

95 Ibid., 8.

96 Ibid., 15-16.

97 Garrett, Duane A. *Proverbs, Ecclesiastes, Song of Songs*. The New American Commentary. Nashville, Tenn.: Broadman Press, 1993. 88.

98 Ibid., 88.

99 마이클 호튼, *복음이란 무엇인가* (서울: 부흥과 개혁사, 2004). 31.

100 Ibid., 31.

^{101} Ibid., 33-34.

^{102} 정성욱, 삶 속에 적용하는 *Life 삼위일체 신학* (서울: 홍성사, 2010). 113.

^{103} Morris, Leon. *The Epistle to the Romans*. The Pillar New Testament Commentary」. Grand Rapids, Mich. Leicester, England: W.B. Eerdmans ; Inter-Varsity Press, 1988. 449.

^{104} Ibid., 449-450.

^{105} Hawthorne, Gerald F. *Philippians*. Word Biblical Themes. Waco, TX: Word, 2004. 142.

^{106} 앤서니 후크마, *개혁주의 인간론* (서울: 부흥과개혁사, 2012). 307.

^{107} Ibid., 308.

^{108} Greenleaf, Robert K. and Larry C. Spears. *Servant Leadership : A Journey into the Nature of Legitimate Power and Greatness.* 25th anniversary ed. New York: Paulist Press, 2012. 29.

^{109} 이경호, "참 리더 이승훈, 이제 진정한 레전드," *동아닷컴* (2019년 2월23일, http://news.donga.com/ISSUE/2018Pyeongchang/News?m=view&date=20180222&gid=88808191#csidx842d7dd06b630a58319f433f4193ad).

^{110} 조병호, "[로뎀나무] 모세의 리더십," *국민일보* (2009년 11월19일, http://news.kmib.co.kr/article/view.asp?arcid=0001610549).

^{111} 고바야시 가오루, *피터 드러커 미래를 읽는 힘* (서울: 청림출판, 2001). 21.

^{112} 후크마, 118.

^{113} Ibid., 119.

^{114} 출처 못 찾겠음.

^{115} J.I. 패커, 싱클레어 퍼거슨, 데이비드 F. 라이트, *IVP 아가페 신학사전* (서울:(주)아가페 출판사, 2001).

^{116} K. A. Mathews, *Genesis 1-11:26, vol. 1A*, The New American Commentary (Nashville: Broadman & Holman Publishers, 1996), 175.

^{117} Leon Morris, *The Gospel according to Matthew*, The Pillar New Testament Commentary (Grand Rapids, MI; Leicester, England: W.B. Eerdmans; Inter-Varsity Press, 1992), 649.

118 출처 확인 불가. 발견하신 분은 알려주십시오.

119 Murray J. Harris, *The Second Epistle to the Corinthians: A Commentary on the Greek Text*, New International Greek Testament Commentary (Grand Rapids, MI; Milton Keynes, UK: W.B. Eerdmans Pub. Co.; Paternoster Press, 2005), 438-439.

120 가오루, 20.

121 호튼, *개혁주의 기독교 세계관*, 46.

122 Ibid., 128.

123 Ibid., 131.

124 정성욱, 117.

125 알버트 월터스 & 마이클 고힌, *창조 타락 구속* (서울: IVP, 2007). 212.

126 호튼, *개혁주의 기독교 세계관*, 45.

127 정성욱, 4.

128 조한별, 24.

129 Ibid., 69.

130 조봉수, *미래의 교육 올린* (서울: 쓰리체어스, 2017). 18.

131 Ibid., 26-27.

132 국제미래학회&한국교육학술정보원, *제4차 산업혁명시대 대한민국 미래교육보고서* (서울: 광문각, 2017), 70.

133 Ceceri, Kathy and Chad Thompson. *Micronations : Invent Your Own Country and Culture : With 25 Projects*. White River Junction, VT: Nomad Press, 2014. Kindle Locations 303-304.

134 Greenleaf, 29.

135 Park, Kindle Locations 1070-1079.

136 Warren W. Wiersbe, *The Bible Exposition Commentary, vol. 1* (Wheaton, IL: Victor Books, 1996), 347.

137 존 맥아더, *존 맥아더 팔복* (서울: 생명의 말씀사, 2009), 65-66.

138 Ibid., 100.

도서출판 거꾸로미디어의 출판 사역 6대 핵심 철학은 다음과 같습니다.

1. 거꾸로미디어는 비영리단체인 거꾸로미디어 연구소가 다문화 가정 어린이들의 교육과 선교를 하는 데에 있어 필요한 컨텐츠와 재원을 제공하고 마련하기를 원합니다.

2. 거꾸로미디어는 비영리단체인 거꾸로미디어 연구소를 통해 이땅에 바른 교육이 자리잡을 수 있도록 대안교육을 개발하고 육성하고 연결하는 데 필요한 컨텐츠와 재정을 제공하기를 원합니다.

3. 거꾸로미디어는 비영리단체인 거꾸로미디어 연구소를 통해 탄생할 거꾸로 뉴스가 성장하고 발전하는 데 필요한 컨텐츠와 재정을 제공하기를 원합니다.

4. 거꾸로미디어는 비영리단체인 거꾸로미디어 연구소가 전 세계에 교육이 필요한 곳에 플랫폼과 컨텐츠를 무료 또는 낮은 가격으로 제공하고 이를 위해 재원이 필요한 곳에는 재정지원을 하는 데 원동력이 되기를 원합니다.

5. 거꾸로미디어는 좋은 컨텐츠를 갖고 있지만 이를 세상에 알리지 못하는 훌륭한 작가를 발굴해 많은 사람이 거꾸로미디어의 책은 삶에 윤활유와 같다는 마음이 들도록 돕기를 원합니다.

6. 거꾸로미디어는 영어 도서를 e북으로 개발해 전 세계 독자들에게 온라인 도서를 공급하고 이를 통한 수익금을 위 5가지의 목적을 위해 사용하기를 원합니다.

거꾸로미디어의 기도제목

도서출판 거꾸로미디어를 통해 하나님께 영광 돌리는 책이 많이 개발되어 출판되기를 소원합니다. 하나님께 영광이 되기 위해 일반은총, 특별은총과 관련된 책을 개발하게 되는데 이를 위해 좋은 작가를 만날 수 있기를 기대합니다.

거꾸로미디어를 통해 일반은총, 특별은총과 관련된 책을 개발할 때 좋은 스태프들이 필요합니다. 일반은총과 특별은총이 무엇인지를 정확히 알고 크리스천의 마음으로 일반 책을 만들고 예수 그리스도의 심장으로 기독교 책을 만들 수 있는 분들을 만나길 원합니다.

예수님께 헌신되어 있는 디자이너와 편집 전문가를 만나기를 원합니다. 하나님이 주신 달란트로 자신이 하는 일이 소명이라고 생각하고 함께 사역하는 분들을 만나기를 소원합니다.

예수님께 헌신되어 있는 마케팅 전문가를 만나기를 원합니다. 세상의 논리가 아니라 기도하면서 하나님이 주시는 마음으로 마케팅을 하며 하나님께 영광되지 않는 마케팅은 과감히 중단할 줄 아는 마케터를 만나기를 소원합니다.

거꾸로미디어는 대안교육을 개발하고 육성하고 연결하는 데 필요한 컨텐츠 개발을 위해 기도하고 준비 중에 있습니다. 함께 하는 분들에게 힘주시고 능력주시고 무엇보다 겸손함을 허락하셔서 이 사역을 온전히 잘 진행할 수 있도록 인도해주세요.

제4차 산업혁명 시대 시리즈 컨텐츠 개발을 진행하게 됩니다. 이 일을 하는데 지식, 지혜, 만남, 용기, 체력 등이 절대적으로 필요합니다. 주님이 힘주시고 인도하시지 않으면 도무지 할 수 없는 일이니 인도해주시길 기도합니다.

거꾸로미디어는 비영리단체인 거꾸로미디어 연구소를 통해 탄생할 거꾸로뉴스가 성장하고 발전하는 데 필요한 컨텐츠와 재정을 제공하게 되는데 이를 위해서 동역자를 만나길 원합니다.

거꾸로미디어는 비영리단체인 거꾸로미디어 연구소를 통해 전 세계에 교육이 필요한 곳에 플랫폼과 컨텐츠를 무료로 제공하기를 원합니다. 특히 성경을 비롯한 기독교 출판물을 제작해 해당 지역에 무상으로 공급하기를 원합니다. 예수 그리스도의 복음이 핍박받는 지역에 출판물이 들어가기를 원하는데 만날 사람을 만나게 하소서.

거꾸로미디어는 좋은 컨텐츠를 갖고 있지만 이를 세상에 알리지 못하는 훌륭한 작가를 발굴해 많은 사람이 거꾸로미디어의 책이 삶에 윤활유와 같다는 마음이 들도록 돕기를 원합니다. 이를 위해 준비된 작가를 만나게 하여 주시고 그들의 글이 한국 사회와 전 세계 한인 사회와 영어권 사회에 긍정적이면서 복음적인 영향력을 미칠 수 있게 하소서.

언론 관계자들과 좋은 유대관계를 맺기를 원합니다. 한국 내 언론 관계자들과 주님이 연결해주신 인연을 맺고 좋은 책이 나오면 이를 독자들에게 꼼꼼하게 잘 전해주실 언론 관계자들을 만나기를 원합니다.

출판을 진행하면서 재정적으로 어려움이 없기를 기도합니다.

판매성이 떨어지더라도 좋은 책을 출판할 수 있기를 기도합니다.

기독교 출판을 하려는 데 기도는 필수입니다. 기도로 준비하고 진행해야 앞서 나눈 철학을 놓지 않고 나아갈 것입니다. 기도로 책을 만드는 거꾸로미디어가 되기를 소원합니다.

거꾸로미디어의 주인은 하나님임을 날마다 잊지 않기를 소원합니다.

어떤 기독 출판사는 책을 포장하면서도 기도했다는 말씀을 듣습니다. 그런 마음으로 이 일에 임하는 모든 사람이 되기를 원합니다.

거꾸로미디어의 중보기도문

하늘에 계신 아버지 하나님. 우주의 창조주를 아버지로 부를 수 있는 그 영광을 우리에게 주셔서 감사드립니다.

하나님의 이름이 거룩하게 되는데, 우리는 날마다 무엇을 할 수 있을지 고민하고 걱정하면서 주님께 여쭤봅니다.

우리는 주님께 예배드리고 찬양을 부르고 말씀을 읽고 기도를 합니다. 주님께 영광 돌리는 일 중에 출판 일에 직접적으로 또는 간접적으로 또는 이렇게 중보기도자로 나섰습니다.

거꾸로미디어가 책 하나 포장을 해도 기도하며 하고 책 하나 발송해도 기도하며 발송하고, 글자 하나, 그림 하나, 어떤 표현 하나도 기도하며 출판할 수 있도록 인도해주시길 간절히 기도합니다.

거꾸로미디어에서 출간된 책을 읽는 이들이 하나님 나라를 경험하며 하나님 나라를 꿈꾸며 기대하는 자들이 되기를 간절히 소원합니다.

거꾸로미디어가 출간하는 책은 하나님의 뜻이 직설적으로, 은유로 또는 전체 철학에서 흘러나오게 하셔서 땅에서도 이루어지리이다 하는 고백이 출판 일에서도 같은 고백이 되게 하시옵소서.

출판하는 분들의 90%가 1년 안에 문을 닫는다고 하는데 거꾸로미디어가

이 일을 지속적으로 할 수 있도록 필요한 것을 공급해주시고, 주 앞에서 겸손하게 하시고, 늘 주 앞에 엎드려 기도할 때 이 일을 통해 벌어지는 잘못된 일 혹시 있다면 회개하게 하시고, 그 일에 대해 주님의 용서를 구하게 하시고, 또한 일을 통해 잘못하는 분이 있다면 그 사람을 용서하는 마음을 풍성하게 주시옵소서.

이 일을 통해 시험에 걸려들지 않게 하시고, 사단의 마수에 걸리지 않게 하시고, 악이 아닌 선이 퍼져나가에 하시고, 주님의 복음이 전해지게 하시고, 작가이든 스태프이든 편집자이든 예수 그리스도의 심장을 품은 자들이 일어나서 선한 영향력을 미치게 하소서.

출판을 하면서 하나님의 나라와 권세와 영광이 풍성하게 나타나는 경험을 하게 하시고, 무엇보다 하나님이 만드신 이땅이 책으로인해 풍성해지는 놀라운 역사가 일어나게 하소서.

이 모든 말씀 예수 그리스도의 이름으로 기도합니다.

〈Note〉

⟨Note⟩